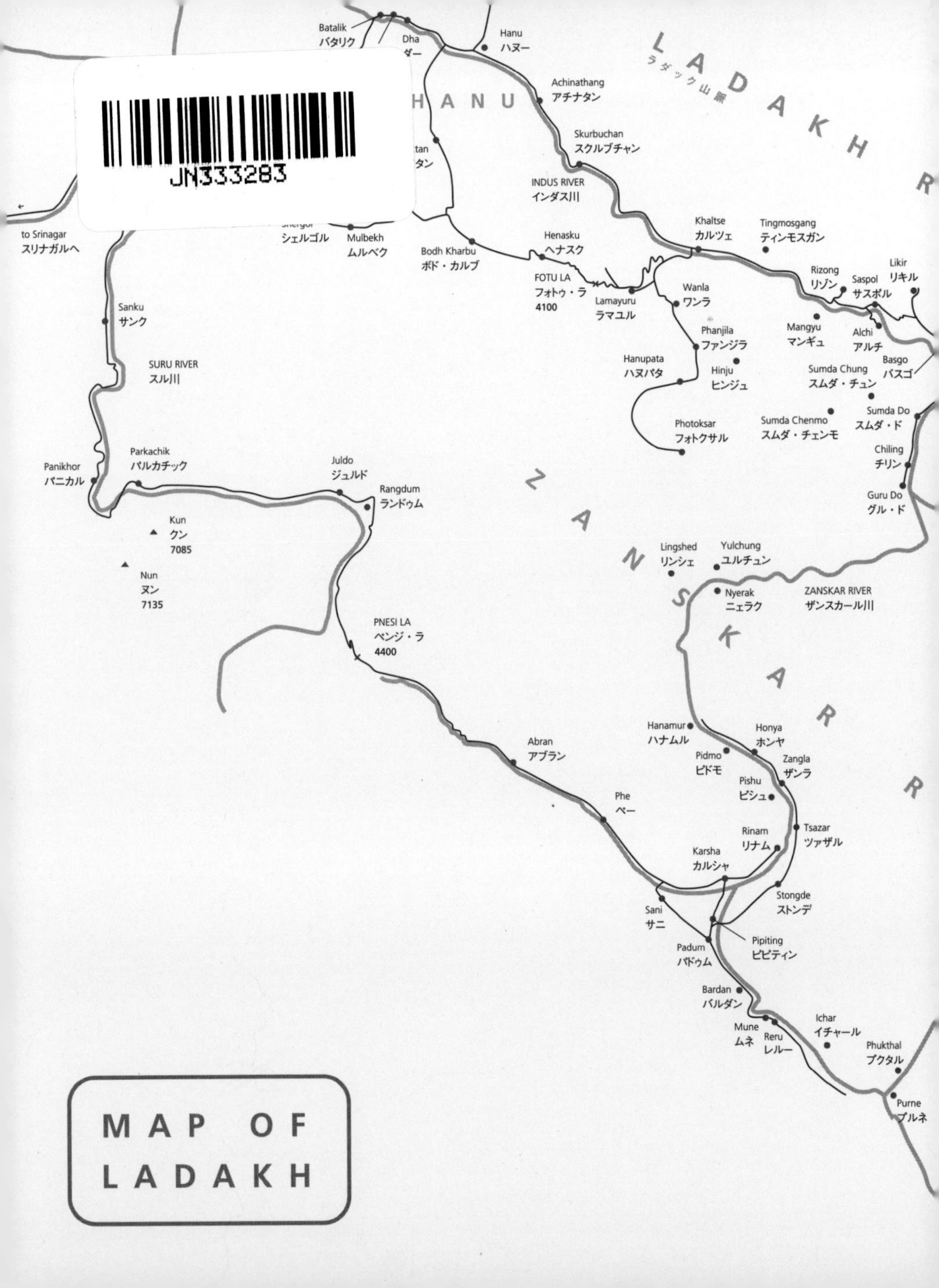
MAP OF LADAKH
LADAKH RANGE
ラダック山脈
ZANSKAR RANGE
HANU
Batalik
バタリク
Dha
Hanu
ハヌー
Achinathang
アチナタン
Skurbuchan
スクルブチャン
INDUS RIVER
インダス川
Khaltse
カルツェ
Tingmosgang
ティンモスガン
to Srinagar
スリナガルへ
シェルゴル
Mulbekh
ムルベク
Bodh Kharbu
ボド・カルブ
Henasku
ヘナスク
FOTU LA
フォトゥ・ラ
4100
Lamayuru
ラマユル
Wanla
ワンラ
Rizong
リゾン
Saspol
サスポル
Likir
リキル
Alchi
アルチ
Mangyu
マンギュ
Basgo
バスゴ
Sanku
サンク
SURU RIVER
スル川
Phanjila
ファンジラ
Hinju
ヒンジュ
Hanupata
ハヌパタ
Sumda Chung
スムダ・チュン
Sumda Do
スムダ・ド
Sumda Chenmo
スムダ・チェンモ
Photoksar
フォトクサル
Chiling
チリン
Guru Do
グル・ド
Panikhor
パニカル
Parkachik
パルカチック
Juldo
ジュルド
Rangdum
ランドゥム
Kun
クン
7085
Nun
ヌン
7135
Lingshed
リンシェ
Yulchung
ユルチュン
Nyerak
ニェラク
ZANSKAR RIVER
ザンスカール川
PNESI LA
ペンジ・ラ
4400
Abran
アブラン
Hanamur
ハナムル
Honya
ホンヤ
Pidmo
ピドモ
Zangla
ザンラ
Pishu
ピシュ
Phe
ペー
Rinam
リナム
Tsazar
ツァザル
Karsha
カルシャ
Stongde
ストンデ
Sani
サニ
Pipiting
ピピティン
Padum
パドゥム
Bardan
バルダン
Ichar
イチャール
Mune
ムネ
Reru
レルー
Phukthal
プクタル
Purne
プルネ

ラダックの風息 ［新装版］

空の果てで暮らした日々

山本 高樹 文・写真

目次

はじめに

ラダックのことなんて、ほとんどの日本人は聞いたこともないに違いない。

インド北部、険しい山脈に囲まれた標高三千五百メートルの地にあるこの隠れ里は、
酸素濃度が平地の六割ほどしかない。

一年を通じて雨はほとんど降らず、外界とを結ぶ道路が通行可能なのは夏の間だけで、
冬になると雪と氷に閉ざされてしまう。

でもここには、僕たちが見たこともないほど青い空と、すさまじいばかりに苛烈で雄大な自然と、
古くから伝わる信仰を守り続けながら、大地とともに生きる人々の笑顔がある。

ラダックの何が、そんなに僕を惹きつけるのか?

わからない。

たぶんそれは、今までの僕に欠けていたもの。

そしてそれは、理屈抜きで、問答無用に、僕の心をぎゅっとわしづかみにした。

初めてラダックに行った時から、それが何なのか、ずっと気になっていた。

忘れられなかった。

だから僕は、確かめに行くことにした。

儚く美しい夏も、すべてが凍りつく冬も、とことん粘って、
ラダックのすべてをこの目で見届けてやる。
そうすれば、きっと何かが見えてくるはずだ、と。
僕は、ラダックで暮らしてみることにした。
この、空の果てとでもいえる場所で。

飛行機のタラップを降りてレーの空港に降り立った時、冷たく乾いた風が、
シュルルと音を立てて耳元を吹き抜けていった。
空が、手を伸ばせば届きそうなほど近い。
この空に会うために、僕はここにやってきた。

種を蒔《ま》く

窓の外に、大きな木が見える。僕がいる三階の部屋の倍くらいの高さはあるだろう。そのがっしりとした枝ぶりを見れば、村の遠く離れた場所からでも、ここがツェリン・ナムギャルの家だとすぐにわかるほどだった。

木の梢の向こうには、標高五千メートルを越える峠、チャン・ラへと連なる山々が見える。チャンタン高原、そしてさらに東のチベットへと続くその峠からは、時折、身震いするほど冷たい疾風が吹き降りてきて、木々や窓枠を揺らす。五月も終わりだというのに、雪がちらつくことさえある。

少し引きずるような足音が近づいてきて、誰かがドアをノックした。

「ジュレー、ミスター・タケ。朝飯の支度ができたよ」ツェリン・ナムギャルの声だ。

「ジュレー、ツェリン。すぐ行きます」

「ジュレー」はラダック語で「こんにちは」「ありがとう」「さようなら」のすべてを意味する、便利な言葉だ。それにしても……と僕は一人で苦笑いした。僕の名前は「タカ」なのに、どうして「タケ」になっちゃったんだろう？

サクティは、ラダック南東部のサクティ谷にある、人口千四百人ほどの大きな村だ。ラダックの農村での種蒔きを体験してみたいと思っていた僕は、ＬＥＤｅＧ（Ladakh Ecological Development Group）というＮＧＯの紹介で、このサクティに滞在して、畑仕事を手伝う日々を送っていた。

ツェリンの家は、昔ながらの屋敷が数多く残るこの村の中でも、かなり大きい。一階は主に納屋として使われていて、二階には居間兼台所と家族の部屋など。三階には、どこの寺かと思うほど立派な仏間と、僕が使わせてもらっている来客用の部屋、汲み置きの水を使う洗面所、堆肥を作るボットン式のトイレがある。

台所に降りていくと、家の人はもう全員揃っていた。磨き上げられた鍋や食器がずらりと並ぶ棚。薪や乾燥させた家畜の糞を焚くストーブ。長年使い込まれた床や柱は黒光りしてツルツルしている。マットレスの上に絨毯を敷いたチベット風のソファに腰を下ろすと、ツェリンが小さな木のテーブルに朝食の皿を置いてくれた。トーストにゆで玉子、チャイ(ミルクティー)。みんなは、ツァンパという大麦を煎って粉にしたものをバター茶で練って、昨夜の残りのサブジー（野菜カレー）と一緒に食べている。僕も同じもので構わないのに、まだまだお客さん扱いというか、受け入れてもらえていないのかなと思う。

ツェリンは六十二歳。がっしりとした身体つきの、筋金入りのラダックの農夫だ。短く刈り込んだ白髪、赤銅色に焼けて深いしわが刻み込まれたその顔は、いつも穏やかで、時に寂しげに見える。長年の酷使で膝を痛めていて、階段の昇り降りや立ったり座ったりがかなりつらそうだ。この家ではただ一人、英語が少し話せる。

年上の妻、クンジェス・アンモは、ツェリンの兄の妻でもある。少し前まで、兄弟で一人の妻を娶《めと》る一妻多夫制が存在したラダックでは、別に珍しいことではない。かなり足腰が弱っているので、彼女は畑に出ず、もっぱら家で食事の支度をしている。

妹のムトゥク・ドルマはとても無口だ。話しかけられても、少女のようなか細い声で短く返事をするだけ。仕事はてきぱきとこなすのだが、台所で柱の影に座っていたりすると、時々、いるのかいないのかわからなくなる。

三人とも六十を越えているので、家の仕事の多くは、ザンスカール地方から来た使用人、デスキット・アンモが受け持っている。素朴で丸い顔だちの彼女も普段は無口なのだが、時々目が合うと、ニカッ！　と満面の笑みを見せたりするので、こっちがびっくりしてしまう。

そんな無口な人たちばかりなので、食事の時も、台所はひっそりと静まりかえったままだ。

「……今日は種蒔きでしたよね？」と僕。

「そうだ。今日は豆を蒔く」とツェリン。「八時半には畑に出るから、支度しなさい」

頬張っていたゆで玉子を急いで飲み込んで、皿を流しに運び、部屋に戻る。そう、今日から種蒔きが始まるのだ。

支度を終えて家の外に出ると、三頭のゾが小屋から連れ出されるところだった。ゾとは、ヤク（毛長牛）と牛の混血種のことだ。ヤクよりも毛が短く、牛よりも骨太でがっちりしている。ゾを使って畑を耕すのはツェリン一人だと大変なので、今日は近所に住む老人が手伝いに来ていた。七十歳だというが、小柄できびきびしていて、どう見ても五十そこそこにしか見えない。デスキットが立っているそばには、彼女の背丈よりも大きい、ゾに結わえて使うための鋤が立てかけられている。

「さあ、行こう」と、ツェリンがゾの鼻に通した綱を手に取った。僕は、畑の地ならしに使うT字型の棒をまとめて担いだ。

いい天気だ。日射しが、鼻や耳たぶや首筋をちりちりと焦がす。谷間に広がる褐色の畑や放牧地の中に、ぽつん、ぽつんと四角い家が建っている。道端を流れる水路のせせらぎ。萌えはじめたばかりの草を食む牛や馬たち。谷のあちこちから、「コール（回れ）！　コール！」と、ゾを駆って畑を耕す男たちの声が聞こえてくる。

家から少し離れたところにある畑に着いた。数日前に水を引く作業をした畑だ。形はゆがんだ楕円形で、土の表面は白く乾いている。ツェリンと老人は、二頭のゾを並べて肩に丸太を渡し、間に鋤を結わえつけた。残りの一頭は疲れた時の交代要員だ。

最初は、畑の縁に沿って慎重に鋤を入れていく。ツェリンがゾの前に立って綱を引き、後ろから老人が鋤を支える。ゾの筋肉が躍動する。ググググ、と柔らかくくぐもった音を立てて土がめくれていく。少し水分を含んだ土がのぞいた溝の部分に、後ろからムトゥクがすかさず、パッ、と種を蒔く。無造作に投げているようで、百発百中、溝の中にまんべんなく蒔かれている。

畑の縁を三分の一周ほどしたところで、二人はゾをUターンさせ、今度はその少し内側をなぞるように鋤を入れていく。掘りかえされた土が外側の溝にかぶさって、蒔かれた種をうまい具合

に覆っていく。こうして、ゆるやかなカーブを少しずつ重ねるようにして、種が蒔かれていく。

僕の仕事は、種を蒔いた後の地面を、地ならし棒で平らにならしていく作業だ。大きな土の塊を叩きつぶしたりしなければならないので、楽なようで意外ときつい。デスキットと二人で、黙々とならす。ならし終えた地面はすぐ白く乾いてしまうのだが、足を載せると、ふかっ、と沈み込む。たっぷりと空気を含んでいる証拠だ。

畑の少し内側まで耕したところから、ツェリンと老人は、交代しながら一人でゾを操りはじめた。二頭のゾの背後から、片手にゾを叩く棒切れを持ち、片手で鋤を支え、片足で鋤の刃の後ろを踏みつけながら、見事な手練で畑を耕していく。

「コール！　コール！………ハッ！　コール！　コール！………」

どこか懐かしい節回しのその歌は、ツェリンと老人とでは、メロディや歌詞が微妙に違う。ラダックに来たばかりの僕には、その歌の意味はよくわからない。

「ミスター・タケ、少し休みなさい」

老人と交代して畑の外に出たツェリンが僕を手招きして、魔法瓶から小さな湯飲みにバター茶を注いでくれた。

「ツェリン、あれはいったいどういう意味の歌なんですか？」

「あれは……」彼はちょっと照れくさそうに笑った。「ゾに、回れとか、進めとか、止まれとか、向きを変えろとか、まあそういう風に歌って言い聞かせてるんだよ」

「じゃ、ゾは歌の意味がわかるんですか？」

る姿が見えた。

「もちろん」

トントントントン、と、どこからか太鼓を叩く音が聞こえてきた。ふりかえると、ツェリンの家の横に立つあの大きな木の下で、一人の僧侶が、枝に吊るした太鼓を叩きながら読経をしている姿が見えた。

こうして大麦や豆の種蒔きを続けていたある日の午後、三十半ばくらいの男が一人、僕たちが働いている畑にやってきた。白いキャップに黒いジャケット、ジーンズ姿のその男は、手にさくらんぼの入ったボウルを持っていて、みんなにすすめて回っていた。

「こんにちは」と、彼は僕にさくらんぼを差し出しながら英語で言った。「僕はタシ・ギャルツェン。ツェリンの一番下の息子です」

僕は手を休めて、彼と並んで畑の脇にしゃがんだ。さくらんぼはすっぱくておいしい。風が土埃を舞い上げると、彼はすかさずバンダナで口元を覆った。

「土を吸い込むと、すぐ風邪をひいてしまうんだ。情けないね」

タシは、ラダックで一番大きな街、レーで、携帯電話会社のエンジニアとして働いているという。彼の服装も、ラダックではめったに見かけないさくらんぼも、それで納得がいった。

「どう？　ラダックの伝統的な農法は？」

「すばらしいですね。できれば、いつまでもなくならずに続いてほしい」

「そうだね」と彼は言った。「でも、やがてそういうわけにもいかなくなると思う。時代はどんど

ん変わってきている。若者の多くは村を離れて、外に働きに出るようになってしまった。村には今、年寄りしか残っていない」

朗々と歌いながらゾを駆るツェリンの姿を見つめながら、タシは言葉を続けた。

「親父のような年寄りの男たちは、機械を使いたがらない。ああしてゾを操ることに誇りを持っているからね。でも、親父も膝を痛めている。ほかの年寄りの男たちも、いつまでも今のようなやり方を続けていくことはできないだろう。いつかは……機械を使わざるを得なくなるんじゃないかな」

僕は何と答えていいのかわからずに、数日前の夜のことを思い出していた。子供のことを訊いた僕に、ツェリンは奥の部屋からいくつも写真立てを持ってきて、僕に見せてくれたのだ。息子が三人、娘が二人。今はみんなレーや南インド、海外などに働きに出ていて、村には誰も残っていない。

「子供たちには、全員、ちゃんとした教育を受けさせた」と話すツェリンの顔は、本当に誇らしげで、うれしそうだった。それが、彼の人生のすべてであったかのように。

夕方、仕事を終えたツェリンと僕は、畦道を家に向かって歩いていた。彼はゆっくりと牛を追い、僕はシャベルを担いでいた。

「今日の仕事も終わりですね」と僕。

「ああ。でも、まだ始まったばかりだ。明日も種蒔きだよ」

夕焼けとは呼べないほど淡い色に染まった空の下に、彼の家と、大きな木の影が見えてきた。

「あの大きな木は……何という木ですか?」

「ラル・チャンという」とツェリンは言った。「百年以上前から、あの場所に立っているそうだ」

ノルブリンカ・ゲストハウス

デチェン・ラモはいつも歌を歌っている。廊下を掃除している時、物置との間を行き来している時、台所で料理をしている時。朝、二階の共同バスルームでシャワーを浴びていると、下の階からよく「ラ〜ララ〜」という彼女の声が聞こえてくる。

毎朝八時半、朝食を食べに台所に行く。

「おはよう！、タカ！　よく眠れたかい？　チャイはその魔法瓶に入ってるよ。タギと……オムレツは食べるかい？」

そう言いながら彼女は、二口コンロを使って器用にタギ・カンビル（ラダック風のパン）を焼く。丸めて伸ばした小麦粉の生地をフライパンで焼いた後、もう片方のコンロの直火でヒョイヒョイと焙る。すると、焦げ目がついてぷっくりふくれた、うまそうなタギになる。

ノルブリンカ・ゲストハウスは、レーの街外れにある客室が五つしかない小さなゲストハウスだ。四十七歳のデチェンは、昼間は街の役場で働きながら、この宿を一人で切り盛りしている。目のくりくりした、丸っこくて陽気で声のでかいおばちゃんだ。

「……息子たちは？」と、熱々のタギをほおばりながら訊く。

「まだ寝てるみたいなんだよ。ほら、インドの女の人が乗った……スペースシャトルだっけ？あれが地球に戻ってくるのが遅れてただろう？　昨日の夜中、あれが着陸するまで、ずっとテレビを見てたんだとさ」

彼女の夫は政府関係の仕事をしていて、今はデリーに単身赴任中だ。三人の息子たちもラダックの外にある大学や学校に通っているのだが、今は夏休みで、三人とも帰省してきている。

ぱたぱた、と足音がして、台所の戸口からミルクボーイが顔をのぞかせた。このネパール人の少年は、毎朝学校に行く前、瓶に詰めた牛乳を近所に配達して回っている。とてもシャイで、僕の顔を見るなり、逃げるようにいなくなってしまった。

つけっぱなしのテレビでは、今日の星占いのコーナー。ヒンディー語なのでよくわからない。

「デチェン、僕、射手座なんだけど、どう?」

「〝仕事でいい知らせが来る〟って言ってるよ」

「仕事? 今、働いてないのに……。ごちそうさま!」

部屋に戻って服を着替え、一番小さい単焦点レンズを付けたカメラをバッグに入れ、外に出かける。澄んだ空にはためく五色の祈りの旗、タルチョ。街の中心へと続くゆるやかな下り坂の道端では、牛やロバが何をするでもなく、ぼんやりと佇んでいる。空中を、白くてぷわぷわしたものがいくつも漂っている。花を終えたポプラが、種を綿毛に載せて飛ばしているのだ。

香ばしい匂いのたちこめるイスラーム教徒たちのパン屋街を抜けると、そこはメインバザールだ。銀行や郵便局、本屋、タクシースタンドなど、街の主要機能のほとんどがこの一角に集中している。商売上手のカシミール人が経営する、高価な骨董品やパシュミナのショールを扱う店。亡命チベット人が切り盛りするにぎやかな食堂。道端の露店では、気のいいおばちゃんたちが自

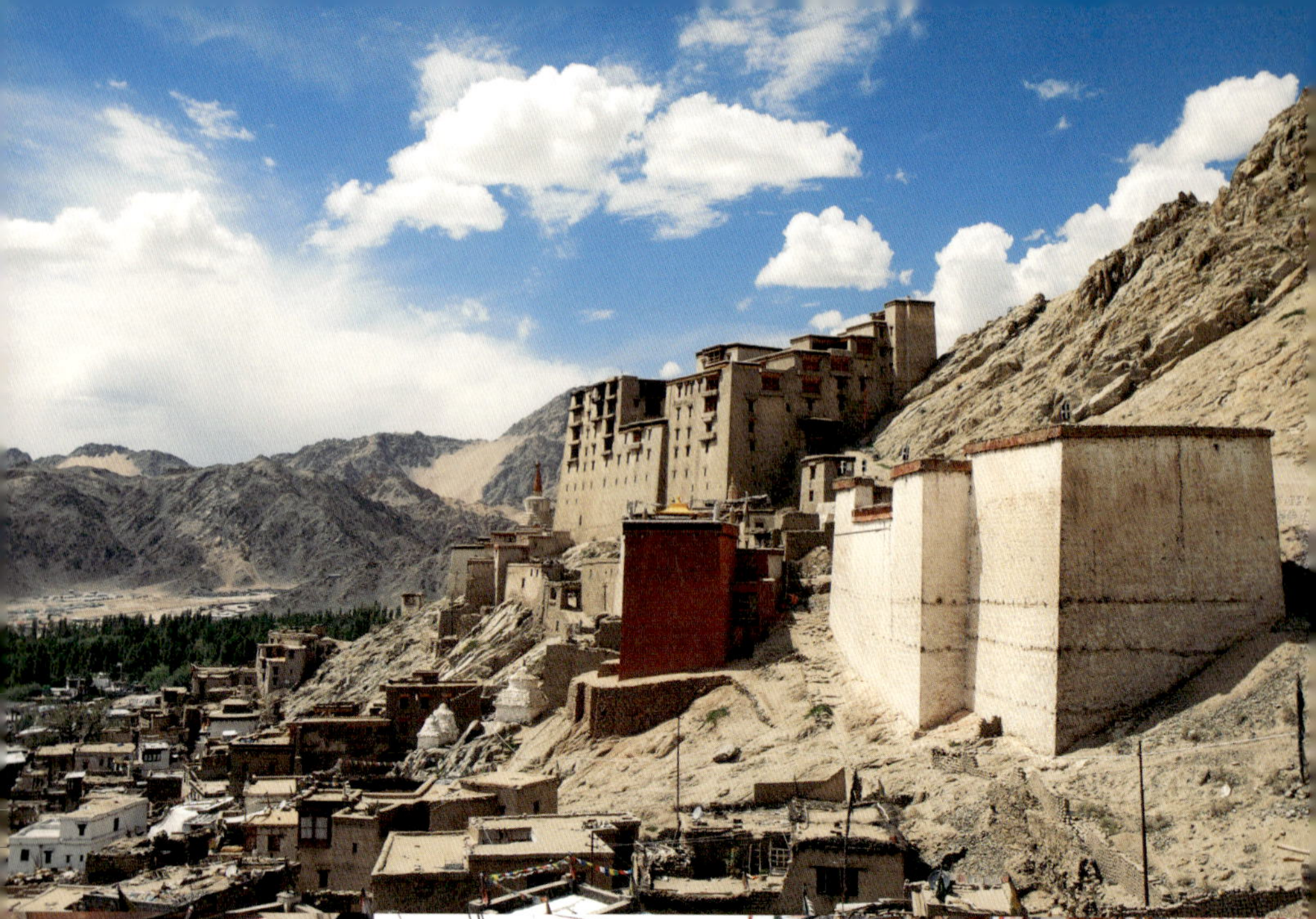

ZANSKAR ARTS
SPECIALIST IN
PASHMINA SHAWLS

分の家の畑で穫れた新鮮な野菜を並べて売っている。信号もない道を、車がせわしなく通り過ぎる。

ふりむくと、ナムギャル・ツェモと呼ばれる険しい岩山の中腹に、巨大なレー王宮がそびえている。遠い昔、ラダックが一つの王国だった頃の名残だ。岩山の頂上には、古い砦の跡と小さなお堂があって、長い長いタルチョが風にひるがえっている。

さて、今日は何をしよう？　旧市街や市場で写真を撮り歩くか、サイバーカフェでブログを書くか、どこかでお茶を飲みながら、ラダック語の勉強をするか……。

どうして、ラダックで暮らしてみようと思ったのか。そもそも、なぜラダックなのか。

それは、一目惚れのようなものだったのかもしれない。

初めてラダックを訪れたのは七年前。マナリという町から陸路でレーに向かっていた僕は、高山病の頭痛で朦朧としながら、バスの座席に揺られていた。

そう小さく叫んだ誰かの声に顔を上げると、窓の外に、ティクセ・ゴンパの姿が見えた。ラダックでもっとも勇壮で美しいと言われているその僧院が、夕空に屹立しているのを見た時の衝撃は、今でも忘れることができない。

「……ゴンパ（僧院）だ！」

たぶん僕はあの瞬間に、ラダックという土地に恋をしてしまったのだと思う。その時の滞在はわずか一週間ほどだったが、ラダックを離れる時も「自分は必ずここに戻ってくる」という、確信に近い予感があった。それは時を経ても薄れることなく、逆にますます強まっていった。ラダックのことを、もっと知りたい。そして一人の物書きのはしくれとして、それを誰かに伝えたい。でも、どうすればそれができる？

僕が出した結論は、「時間をかける」ということだった。

日本での仕事の合間にチョコチョコとラダックに通うくらいでは、全然時間が足りないし、底の浅いものになってしまいかねない。季節の移り変わりを肌で感じながら、納得がいくまで時間をかけ、いろんな場所を見て回り、いろんな人に話を聞きたい。そうしなければ、自分が本当に目指すものは書けないと思ったのだ。

一冊の本を書くために、日本でのフリーライターとしての仕事をすべて休止する。傍から見れば無謀としか言いようがないだろう。でも僕にとっては、本当に書きたいことを書かないまま帳尻合わせの人生を送る方が、我慢できなかったのだ。

僕は決めた。日本での仕事をすべて放り出し、家財道具は風呂なしのボロアパートを借りて押し込んで、一人でラダックに旅立った。そうして転がり込んだのが、ノルブリンカ・ゲストハウスだったのだ。

夜、宿に戻ると、台所でデチェンが夕食の支度をしていた。三人の息子たちは、チェスをしたり、テレビを見ながら携帯電話で誰かと話をしたりしている。

「おかえりー、タカ！　今日はテントゥクだよ！」

テントゥクというのはトゥクパ（チベット風のうどん）の一種で、平たく伸ばしてちぎった麺を野菜や肉と一緒に煮込んだものだ。小ぶりの椀によそわれたテントゥクからは、湯気とともにうまそうな匂いが立ち上っている。

「ん……うまいなあ、これ！」

「チュルペ（乾燥させたチーズ）を入れるのがコツなのさ」とデチェン。「コリアンダーとブラックペッパーを入れてもいいねえ。ほら、おかわりは？」

ぶーん、と大きな羽音を立てて、一匹のハエが台所の中に飛び込んできた。長男のタシ・ワンチュク（アチュク）は立ち上がると、壁に止まったハエを手で包み込むようにして捕まえ、窓の外に逃がした。輪廻転生を信じるチベット仏教徒である彼らは、ハエだろうと蚊だろうと、無駄な殺生は決してしない。肉を食べるために家畜を殺す時も、ちゃんと供養を行うのだ。

テレビでは、デチェンが毎晩のように見ている三十分ものの連続ドラマが流れている。それを見ながらケラケラ笑っている僕を見て、次男のジグメ・スタンジン（ジミ）が不思議そうに言う。

「タカ、ヒンディー語わかるの？」

「ううん、全然」

「だったらなんで笑ってるんだよ？」

「だって、わかりやすいんだもん、インドのドラマ。バーン、ズーン、ババーン！ってさ。何から何までオーバーだから、見てりゃだいたいわかるよ」

「はー、言葉がわからないのに見てるのかい。変な子だねえ」とデチェン。

ドラマの中では、ヒロインと恋人と三角関係にある女が登場。悪だくみが成功したのか、物陰でニヤリとほくそえむ。

「あー、あの女は悪いやつだね。あー悪いやつだ。ほらやっぱりそうだ。あー悪いやつだよ」と、デチェンは一人で大盛り上がりだ。

　アチュクとチェスをしている三男のツェリン・トゥンドゥプは、さっきからずっと腹を抱えて笑ってばかりいる。見ると、アチュクの手駒にはもうクイーンもビショップもなく、キングのほかにルークとポーンがちらほら残っているだけだ。

「あーあ、アチュク、ずいぶんさびしくなっちゃったねえ」

　アチュクは、ついこの間卒業したばかりのジャンムーの大学では、ラダック人学生の組織の代表を務めるほどのしっかり者なのだが、ことチェスに関してはからきしダメらしい。いつもは兄に頭の上がらない年の離れた弟のツェリンも、ここぞとばかりにおちょくって、わざとチェックメイトせずに遊んでいるのだろう。でも、アチュクも困ったように笑いながら、ひさびさに会った弟とのやりとりを楽しんでいるように見える。

「ツェリン、そろそろトドメを刺してやったら？」

「いやー、まだまだ！　ほら、アチュク！」

　何というか、ほんと……下宿屋みたいだ、この宿は。

祈りの場所

　重いバックパックとカメラバッグを担いだまま、山の中のジープロードを六キロも歩いていくのは楽ではない。あわよくばヒッチハイクを……と思っていたが、車どころか、人っ子一人見かけない。歩き続けること一時間半、屏風のように折り重なる岩山の裾野が開け、リゾン・ゴンパの白亜の僧房群が見えてきた頃には、僕はもうヘトヘトだった。

　野球帽をかぶった若い僧侶が一人、こっちを見ている。

「ジュレー。……ハァ……あの……ここに泊めていただけると聞いたんですが……」

「泊まる？　マネージャーに訊いてみますが、大丈夫だと思いますよ。ここへは、タクシーで？」

「いえ……ふもとのウレ・トクポまでバスで、そこから歩いて……」

「歩いて?!　それはまた珍しい。まあ、台所でお茶でも」


　ラダックに住む人々の多くは、古くからチベット仏教を信仰している。大勢の僧侶が修行に励むゴンパは、人々にとってなくてはならない心の拠り所だ。少し前までラダックでは、一家の子供のうち一人は僧か尼僧になるのがしきたりだった。

　リゾン・ゴンパは、十九世紀に創建された比較的新しい僧院だ。他の多くのゴンパは近くに村や集落を従えているが、リゾンは完全に人里から隔絶された山の中にある。僕が案内された宿泊客用の部屋の窓からも、空と雲と山以外、何も見えない。電気も通じていないので、夜の明かりは、僧房の屋根のあちこちに据えられたソーラーパネルの電力でまかなっている。

岩山の南側の斜面には、数十人の僧侶たちが暮らす僧房群のほか、新旧二つの集会堂がある。薄暗い集会堂の中には大小さまざまな種類の仏像がずらりと並び、壁は諸尊や仏伝が描かれた壁画で埋め尽くされている。僕の部屋の近くには、このゴンパの開祖の遺骨を納めたクドゥン（霊塔）を祀ったお堂があり、毎朝五時になると担当の若い僧侶が扉を開け、鐘を鳴らしながら祈祷を行っていた。

この人里離れたゴンパに僕は二、三日滞在して、僧侶たちの暮らしぶりを見学させてもらおうと思っていた。ところがこの時期、彼らは日々のお勤めのほかに、僧房の壁を塗り直したり、旗竿に巻きつけたタルチョを新しいものに交換したり、隅から隅まで掃き清めたりと、まるで年末の大掃除のような忙しさだった。聞くと、一週間後にこのゴンパの座主《ざす》を含む三人の高僧がここで法要を行うので、その準備をしているのだという。僕もただ見物しているだけでは申し訳なくて、タルチョを取り替えるのを手伝ったりしながら、働く彼らの姿を写真に撮った。僧侶たちは「わざわざ泊まりに来て、仕事を手伝って、写真も撮ってる。変な日本人だ」と思っていたに違いないが、僕がレンズを向けるといつも、穏やかな視線と微笑を返してくれた。

そんなあわただしくも楽しかったリゾン・ゴンパでの日々の中で、僕の記憶には、二つの出来事が焼きついている。

一日三回の食事の時間は、ゴンパで暮らす者たちみんなの楽しみだ。台所の近くにある鐘がカ

ラン、と鳴らされると、僧侶たちだけでなく、新しい僧房を建てている大工たちも台所に集まり、輪になって座ってワイワイ話しながら、待ちかねた食事を口に運ぶ。メニューはトゥクパやスキウ（小麦粉を練った団子を野菜と煮込んだもの）といった質素なものばかりだが、チベット人の料理人が作るそれはとてもおいしかった。

二日目の午後、台所で昼食を食べていた四、五人の僧侶たちのところへ、一組の若い夫婦の参拝客が訪ねてきた。台所に通されたその夫婦は、しばらくは供されたチャイを飲んでいたのだが、やがて夫が意を決したように、僧侶たちに何事かを語りかけた。たぶん、彼らがここに参拝にくる理由となった、悩みごとか何かを打ち明けたのだと思う。

すると僧侶たちは食事の手を止め、軽く咳払いしたかと思うと、突然、朗々とした声でいっせいに声明《しょうみょう》を唱えはじめた。空気の震えがびりびりと伝わってくるほど、低く、深く、研ぎ澄まされた彼らの声は、共鳴しあって見事なハーモニーとなり、僕たちの周囲を包み込んだ。天井の通気口と戸口から外光が射し込んでくるだけの暗く質素な台所が、まるで壮麗な礼拝堂になったかのようだった。

数分後に声明が終わると、僧侶たちは何事もなかったかのように食事を続けた。本当の祈りには、場所や体裁などというものはたいして関係ないのだということを僕は知った。

もう一つ鮮明に憶えているのは、あの夕方の風景だ。

太陽が高い山の端に隠れ、周囲が早々と薄暗くなった頃、僧房が立ち並ぶ中を、一人の老僧と一人の少年僧が歩いてくるのに出会った。二人は、少し離れたところにある水場から、ポリタンクに水を汲んで運んでいるところだった。洗濯でもするのだろうか、と思って彼らの背中を目で追っていると、二人はまず、僧房の脇に生えている若木の根元に、たっぷりと水をやった。それから二人は洗面器と洗濯物を持ち出して、残ったわずかな水でゆっくりと洗濯を始めた。僧衣を手でもみ洗う老僧。その傍らで、少しずつ水を注ぎかける少年。薄れていく光の中で、二人の姿が、どういうわけかいつまでも心に残った。

千年近く昔に建てられたゴンパが今も当たり前のように残っているラダックは、チベット本土では大半が失われてしまった貴重な仏教美術がまだ残っている。インダス川の下流側にあるアルチ・チョスコル・ゴンパの仏像や壁画は有名な観光スポットだが、ほかにも傑作と呼ぶにふさわしい壁画が残っている場所はいくつかある。とりわけ僕が気に入っているのは、ピャンという村のグル・ラカンというお堂だ。

ピャンは、レーからバスで西に四、五十分ほど行ったところにある。広い谷間を流れる川沿いに開けた美しい村で、村の中心にはラダック有数の僧院、ピャン・ゴンパが建っている。村の東外れにあるグル・ラカンは、このゴンパとは直接の関係はなく、さらに古い年代に建てられたもののようだ。ふもとに住む村人の一家が鍵を管理していて、先祖代々、このお堂を守り続けている。

鍵を持つ若者に案内されて、急斜面を少し登ると、岩山の中腹に数メートル四方の小さな四角い建物がある。鍵を開けてもらい、小さな戸口から身を屈めて中に入る。真っ暗だ。戸口と、天井の真ん中に空いた小さな穴から光が射し込んでいるだけ。やがて目が慣れてくると、誰もが思わず息を呑むことになる。

　四方の壁は、赤を基調とした鮮やかな壁画でびっしりと覆い尽くされている。凶悪なくちばしと翼を持つ怪鳥ガルーダ。妃を胸に抱いたまま、残り十四本の腕をふりかざすイダム（守護尊）。無数の諸尊に囲まれながら、静かに微笑を浮かべる釈迦や菩薩。白い裸身をくねらせて踊る女行者――。ところどころ激しく傷んではいるものの、とても数百年も前に描かれたものとは思えない。

　宇宙的なスケールを感じさせるほどの完璧なバランスを備えているアルチ・チョスコル・ゴンパに比べると、グル・ラカンの壁画は、より素朴で、おおらかで、どことなく土の匂いを感じさせる。遠い昔からピャンの村人たちが守り続けてきた、小さな祈りの場所。受け継がれてきた思いがそこに宿っているからこそ、僕はこの場所に惹かれるのかもしれない。


「今、ティクセで砂曼荼羅《すなまんだら》を作っているらしいよ」と、ノルブリンカ・ゲストハウスの常連客の一人がある日僕に教えてくれた。

　レーからバスで南に三、四十分ほど行くと、僕がラダックに一目惚れするきっかけになった、ティクセ・ゴンパに着く。岩山の南側にひしめく僧房群の間を縫うようにして、息を切らしながら階段を上っていくと、入場券を売っている僧侶が門のそばの椅子に座っていた。

「砂曼荼羅は……？」と聞くと、僧侶は微笑んで、「ドゥカン（本堂）ですよ」とピンク色のチケットを切って渡してくれた。

暗い本堂の右奥に、煌々とランプが灯されている。コリコリコリ、と金属を擦るような音。近づいてみると、二メートル四方くらいの平らな台を囲んで、四人の僧侶たちが砂曼荼羅の制作に没頭していた。

曼荼羅とは、チベット仏教の尊格や教義、世界観を図式化したもので、それを色つきの砂で描く儀式は、ゴンパでも重要な行事の一つだ。その絵柄は尊格の種類によって異なっていて、絵師として修練を積んだ僧侶の頭の中には、すべての絵柄がインプットされている。今回作っているのは、デムチョク（勝楽）の砂曼荼羅ということだった。

制作が始まって四日目という砂曼荼羅は、八割くらいの完成度。赤、青、黄、緑などの鮮やかな色で描き出された曼荼羅は、砂だけで描いたとはとても思えないほど、繊細で、緻密で、そして調和が取れている。楼閣、紋様、燃えさかる炎……。僧侶たちはあぐらをかいたまま上体を伏せ、一心不乱に絵を描いている。先のとがった細い金属の筒に色つきの砂を入れ、もう一本の棒で筒をコリコリ、コリコリと擦る。するとその振動で、ほんの少しずつ、砂が筒の先から出てくる。そうしてそっと砂を置くようにしながら、気の遠くなるような作業をくりかえして、曼荼羅を描いていくのだ。僧侶たちは色つきの砂だけで、一つの宇宙を作り出そうとしていた。

明日完成するというこの砂曼荼羅は、そのまま保存したりするのではなく、破壊の儀式によってあっさりとすべてを崩し、砂は川や湖に流してしまう。「もったいない！」と思わず叫びたくなってしまうが、すべてのものは無常であるという仏教の教えからすれば、全身全霊をかけて作り上げたものを無に帰するからこそ、祈りの行為としての意味があるのだろう。

僕は、見事に完成して一つの宇宙となった砂曼荼羅より、作りかけの砂曼荼羅の方が好きだ。この美しくて儚い行為に全力を捧げて取り組んでいる、人間のいじらしさを感じ取ることができるから。

仮面の舞

朝六時にレーを発つカルギル方面行のバスに乗り、インダス川沿いの街道を西へと向かう。陽気なラダック・ミュージックが鳴り響く車内から見えるのは、果てしなく続く岩山と石ころと土くれの世界。ところどころにわずかな緑とともに点在する村と、それよりはるかに多いインド軍の駐屯基地。こんな風景の中を、四時間ばかりもガタゴト揺られていく。

カルツェという宿場町を過ぎ、目もくらむような断崖のつづれ折りの道を上っていくと、突然、不思議な光景が目の前に現れる。日なたにうっかり放置していたのをあわてて冷凍庫に放り込んだアイスクリームみたいに、どろどろに溶けてまた固まってしまったかのような、奇怪な形の黄色い岩山。太古の昔に存在した湖が、こんな地形を作り出したのだという。

まるで別の惑星に不時着したような気分になるこの場所に建っているのが、ラマユル・ゴンパ。ラダックの夏のチャム（仮面舞踊）の口火を切るユンドゥン・カブギャットが、まもなく始まる。

ブォーン！と地響きするような低い音で、長さ二メートル以上もある長いホルン、トゥンが吹き鳴らされる。ギャリンと呼ばれる短い笛が奏でる華やかな音。シンバルの音、太鼓の音、響き渡る低い読経の声。やがて、ゴンパの境内の周囲や屋根の上にまで陣取ってじっと見守っている人々の前に、仮面をつけた僧侶たちが現れる。

鮮やかな彩りの仮面が日射しに照り映える。その顔は、ある者は牙をむいて烈火のごとく怒り、ある者は口を結んだまま穏やかな笑みを浮かべ、またある者は、滑稽に思えるほどとぼけた表情を浮かべている。額に見開かれた第三の目。頭上には、髑髏《どくろ》をあしらった冠や孔雀の羽を頂いている。水牛の仮面がいる。鹿の仮面がいる。くちばしのある、得体の知れない怪物のような仮面がいる。

仮面の僧侶たちはみな、金や銀の糸で刺繍されたきらびやかな衣装を身にまとっている。手にしているのは、剣や斧、弓矢、そしてさまざまな形の法具。内側を赤く塗った白い二枚貝のかたわれのような形の法具は、かつては本物の人間の頭蓋骨で作られていたのを模したものだという。読経やシンバルや太鼓に合わせて、踊りはゆったりとしたリズムで進む。僧侶たちは片足を浮かせ、パッとジャンプし、クルリと舞う。時には、パッ、パッと何度も続けてジャンプしながら回り続ける者もいる。二人一組になって互いに上体を反らしながら、たてがみをグルグル振り乱す者もいる。やがて、それまで二人、あるいは数人ずつで登場していた仮面たちが、一度に姿を現した。三十人近い僧侶たちがいっせいに土煙を立てて、裾をひるがえしながら舞いはじめる。僕は夢中でカメラのシャッターを切り続けた。この仮面の一人ひとり、踊りの一挙手一投足に、彼らの祈りが込められているのだ。

こうしたチャムの祭礼はラダックの主なゴンパで年に一度、チベット暦の日付に従って、それぞれ別の時期に行われる。仮面の種類や踊りの内容は、宗派によってさまざまだ。でも、一つだけ共通していることがある。それはダオの供養と破壊の儀式だ。

ダオとは、ツァンパを練ってこしらえた全長数十センチほどの人形のことで、仏教に対する「敵」の象徴だ。それは、ある時はチベットで仏教を滅ぼそうとした悪名高き王であったり、またある時は、己の内面に巣食う煩悩であったりするのだという。そのダオを破壊して滅するのが、すべてのチャムの根本であり、クライマックスなのだ。祭りを見に来る地元の人々はそのことをよくわかっていて、ダオの破壊の儀式が行われる二日目の夕方、見物客は倍以上に膨れ上がった。

ラマユルの祭りでダオにまつわる儀式を執り行うのは、仮面をつけていない、つばの広い黒い帽子をかぶったシャナクと呼ばれる僧侶たちだ。彼らはどっしりとした仕草で荘厳な舞を踊った後、長い袖を肩までたくし上げ、一人ずつ順に、短剣や剣、弓矢などをダオに打ち込んでいく。最後に、再び大勢の仮面たちがいっせいに現れ、バラバラに切り刻まれたダオの破片を宙へと放り投げた。湧き上がる悲鳴のような歓声。破壊され、滅せられていくダオを見つめながら、人々は明日は我が身と恐れおののき、自らの行いを省みていたのだろうか。

夏のラダックで行われるチャムの中でも特に有名なのが、かつてのラダック王家の菩提寺、ヘミス・ゴンパのツェチュという祭りだ。

ツェチュとは「月の十日」を意味する。その昔、インドからチベットに密教をもたらしたグル・リンポチェ（パドマサンバヴァ）という密教行者がいた。彼は空を飛べたとまで言われるほどの伝説的な存在で、その生涯に起こった十二の重要な出来事は、すべてそれぞれ別の月の十日に起こったとされている。また、グル・リンポチェ自身も「月の十日に祭りを催せば、私はその場所に戻ってくる」という言葉を残しているという。だから、チベット文化圏にある多くのゴンパでは、月の十日にツェチュと銘打った祭りが行われているのだ。

集会場を二つも抱える本堂の壁に、十メートル四方はある巨大なタンカ（仏画）が掲げられている。ぎっしりと見物客が詰めかけた境内の中央で、真鍮の仮面をつけた僧侶たちが、ゆったりと両手と片足を持ち上げて動きを止めては、チリンチリーン、トトトトン、と両手を動かして、ダマルという小さなでんでん太鼓と鐘を鳴らす。

やがて、花びらを撒いたり扇であおいだりする従者を従えて、グル・リンポチェとその八変化（グル・ツェンギェ）が姿を現した。たっぷりとした布の日傘を差しかけられた、ひときわ背の高い黄金色の仮面がグル・リンポチェだ。ぎょろりとした大きな瞳と口ひげですぐに見分けがつく。彼らはあらかじめ置かれていたベンチに並んで腰を下ろし、その前で、八変化たちが一人ずつ交代で舞を披露しはじめた。いかつい赤ら顔の仮面もいれば、引き締まった若々しい顔の仮面も、年老いた顔の仮面もいる。このゴンパの祭りには、ほかとは少し違った雰囲気がある。格別に豪華というわけではないが、仮面や衣装、法具などの取り合わせがとてもしっくりとしていて、踊りやしぐさにも落ち着きと風格のようなものが感じられるのだ。

地元の人々、特に子供たちには、グル・リンポチェと同じか、もしかするとそれ以上に楽しみにしている仮面がある。勢いよく走り出てきたのは、歯をむいてニタリと笑う四人の骸骨の仮面たち。アツァラ、サンスクリット語でチティパティと呼ばれるこの骸骨たちは、ダオにまつわる儀式で大事な役目を担っている……はずなのだが、その前に、とにかく好き放題に暴れまくる。

おどけて踊りながら境内を走り回り、観客席に飛び込んでは、ツァンパを撒き散らしたり、観客の帽子をひょいと取り上げてしまったり、若い女の子のひざにどすんと座って、ぐりぐりお尻を動かしたり……。よくよく考えれば、彼らも中身はお坊さんなのに、そんなことしていいのかと笑ってしまうほどのイタズラっぷり。キャーキャー飛び交う歓声の中、四人のアツァラたちは、すべての仮面の僧侶たちの中で一番楽しそうに、のびのびとふるまっているように見えた。

夜、ノルブリンカ・ゲストハウスに戻ってくると、台所にいた長男のアチュクが僕の顔を見てニヤッと笑った。

「タカ、今日はいい場所で写真を撮ってたねえ」

「なんだ、アチュクも来てたの?」

「知り合いから、ガイドのバイトを頼まれたんだ。見た? あのケンカ」

「ケンカ? 誰が?」

「後ろの方で、外国人の女の人二人が、ひっぱたきあいの大ゲンカしてたんだよ。ほかにもあっちこっちでやりあってたなあ」

それを聞いて、僕はちょっとげんなりした。たぶん場所の取り合いなんだろうけど、神聖な祭礼の会場でケンカをすることはないじゃないか。彼らにとっては、異国の風変わりな催しを見物に来たくらいの認識しかないのかもしれないけれど。

「で、どうだった? ヘミス・ツェチュは?」

「よかったよ。歴史を感じさせるというか……」

「そうかな。今年はイマイチだったな。ステップがバラバラだった」

「そう？　どうしてだろ？」

「たぶん……」アチュクは笑った。「今年は一番偉い座主のお坊さんが来てなかったから、気合が入ってなかったんじゃないの？」

自分の居場所

ラダックは、儚い夏の盛りを迎えていた。

青すぎて黒く見えるほど晴れ渡った空からはぎらぎらと白熱した日射しが降り注ぎ、風にゆったりとそよぐ柳やポプラの梢は、いつのまにか深い緑に色づいていた。レーのメインバザールでは店という店が残らずシャッターを開け放ち、それまでさぼっていたカシミール人の客引きたちも「ジャパン？　コリア？　コンニチワ～」と間の抜けた声をかけてくるようになった。この季節だけ営業するガーデンレストランのパラソルの下では、けだるい表情の外国人観光客たちがプラスチックの椅子にもたれて、ネパール人のウェイターが運んできたピザをつまんだりしていた。

それまで泊まり客といえば僕くらいしかいなかったノルブリンカ・ゲストハウスも、ほとんどの部屋が埋まるほど混雑するようになった。デチェンは毎朝五時に起きて宿の掃除やシーツ類の洗濯をし、泊まり客たちの朝食を作り、それから「タカ、じゃ行ってくるからね！」とあわただしく役場の仕事に出かけていく。夕方、仕事から戻ってきた彼女は見るからにクタクタで、すぐにでも倒れて寝てしまいたそうに見えるのだが、「今晩はスキウでいいかい？　あれはすぐに作れるからね！」といつもの笑顔を浮かべながら、夕食の支度を始めるのだった。

僕はといえば、先週はあっち、今週はこっち、と、地方にある村やゴンパを訪ねて回る日々を送っていた。ローカルバスがあればそれに乗り、バスが来なければ車をヒッチハイクし、車が来なければ歩いていった。金のかかるジープチャーターはなるべくしたくなかった。おんぼろバスやトラックの荷台でガタピシ揺られながら、地元の人々と一緒に旅する方が性に合っていたからだ。

まあ、そういう旅では、計画が予定通りに進むことはまずなかった。

たとえば、インダス川下流域の山奥にある村、マンギュを訪れた時はこんな感じだった。

レーからマンギュに向かうバスは、週に一、二便、午後一時半頃に出発する。村までの距離や道路の具合を考えても、午後四時半か五時頃までには着くだろうと僕は踏んでいた。マンギュには宿が一軒もないらしいし、日の光が残っているうちに村の中を回って、泊めてもらえそうな家を探すつもりだった。

ところが、バスは定時に出発したものの、街外れの工場で大きな金網の束を大量に屋根の荷台に積み込みはじめ、それだけで一時間も遅れてしまった。ようやく走りはじめたと思ったら、下り坂のカーブで僕らのバスを追い抜こうとしたジープが路肩の岩に衝突し、片方の前輪が壊れた状態で路上にストップ。頭をフロントガラスにしたたか打ちつけたジープの運転手を、通りがかった車に頼んで一番近くにあるメディカルセンターまで運んでもらい、壊れたジープをバスの乗客の男たち全員で路肩まで撤去。これでさらに一時間遅れた。

その後、街道を離れて村に向かう山道を走っていると、今度は大型トラックがエンジントラブルで立ち往生しているのに出くわした。完全に道を塞いでいるので、前に進めない。バスの運転手や車掌が降りていって修理を手伝うが、しばらくそばで見ていても直りそうにない。村まであと一、二キロだというので、僕はバックパックを背負って残りの行程を歩いていくことにした。

渓流沿いの道を遡り、下から見上げると崖にしか見えない急斜面の高台を登ると、そこがマンギュの村だった。時計はもう午後八時近くで、あたりは真っ暗。途方に暮れながら村の中に入っていくと、最初に通りがかった家の前で、二人の男が立ち話をしていた。

「……どうしました？」と、男の一人が僕を見て、びっくりしたように英語で言った。

「たった今、レーからここに着いたばかりなんですが……どこかに、今晩泊めていただけるようなお宅はあるでしょうか？」

するとと彼は背後の家を指さして、ニコッと笑った。

「僕の家はどうですか？　今はほかに来客がいるので、台所でよければ」

あまりにもあっさりと寝場所が見つかったので、僕はほっとしたというより、拍子抜けしてしまった。

電気が通じていないこの村で、家々に明かりを供給するソーラーシステムのオペレーターをしているという彼の家の台所は、簡素だが広々としていて、二人の小さな男の子が床をコロコロ転げ回っては、おもちゃの取り合いをしてぴーぴー泣いていた。奥さんが作ってくれた菜っ葉のサブジーは、あっさりしていてとてもおいしかった。チベット風のソファの上で寝袋にくるまり、僕はほっとして眠りについた。

さんざん苦労して辿り着いたかいあって、翌日、ゆっくりと見て回ることのできたマンギュの村は、とても静かで居心地のいいところだった。村の中にある小さな古いゴンパは、傷んではいるものの、たおやかな描線で描かれた壁画が当時の面影を残していた。高台の上に広がる畑では、青々と育った麦が吹き渡る風に揺れていた。夕方になると、子供たちがあちこちの家の戸口から現れて、石でおはじき遊びをしたり、小さな商店に並べられた駄菓子の入った容器をのぞき込んだり、カメラを持つ僕の前にワーッと集まってきたりした。

いろいろ苦労はするけれど、結局は何とかうまくいく。それはひとえにラダックの人々の優しさのおかげだったのだが、それに甘えているうちに、僕はいつの間にか、いい気になっていたのかもしれない。

七月も終わろうとするある日、事件は起こった。長距離バスで移動している時、バックパックの中身を誰かに荒らされてしまったのだ。

その日、僕はラダック北西部にある辺境の村、ダーに向かっていた。レーからは約八時間の長旅だ。出発前から車内がかなり混雑していたので、僕はいつもは座席の脇の通路に置いておくバックパックを、屋根の上の荷台に積むことにした。

夕方、ようやくダーに到着し、荷台からバックパックを下ろして担いだ僕は、異変に気づいた。妙に軽い。バスが走り去った後で中を開けてみると、いくつかの荷物がなくなっていた。帰りの飛行機のチケットと小額の現金が入ったケース、寝袋、レインポンチョ、常備薬のポーチ。寝袋が収納してあった場所には、代わりにご丁寧に油まみれのぼろきれが丸めて押し込んであった。

誰が、いつ、どうやって？　途中、宿場町のカルツェで停まっていた時とは考えにくい。あそこは警官も含めて、周囲に人目が多すぎる。となると、バスが走っている最中に誰かが屋根の上

で荷物を物色したことになる。確かに、途中にいくつかあった道路工事現場で、何人かの出稼ぎ労働者たちがバスの屋根に上って、隣の現場へと移動したりしていた。でも、あんな曲がりくねった山道を走っているバスの屋根の上で、両手を離して荷物を漁るなんて……。すっかり軽くなってしまったバックパックを前にしても、僕はにわかには信じられなかった。

ダーのスキャバババ・ゲストハウスで働いている青年、ルンドゥプ・ドルジェは、一年前にこの村に泊まったことのある僕のことを憶えていてくれて、笑顔で出迎えてくれた。が、僕が荷物を盗まれたことを話すと、とたんに顔を真っ青にして、

「大変だ！　……飛行機のチケットも?!　どうしよう？　とにかく……そうだ、電話！」

と、宿の仕事を放り出して、僕を二キロほど離れた隣の村まで連れていき、軍の駐屯地にある電話ボックスを使わせてくれるように話をつけてくれた。

ノルブリンカ・ゲストハウスに電話すると、次男のジミがいつものとぼけた声で電話口に出てきた。

「タカ？　今どこにいるんだよ？　……ダー？　ハハハ、なんでそんな遠いところに？　俺もまだ行ったことないから、今度案内してくれよ……」

「ジミ、それどころじゃないんだ。実はさ……」

事情を話すと、彼はとたんにまじめな口調になって言った。

「大変だろうけど、明日すぐにレーに戻ってこいよ。戻ったらすぐに警察に届けるんだ。犯人は捕まるかどうかわからないけど、こういうことはできるだけ早いほうがいい」

「わかった。デチェンにも伝えておいて」

犯行時刻と場所がはっきりしない以上、犯人が捕まる見込みはまずない。でも、警察に出頭して盗難証明書を発行してもらえば、被害のほとんどは帰国後に海外旅行保険で取り戻せる。搭乗まで間がある飛行機のチケットも再発行してもらえるだろうし、その手数料もすべて保険で下りるはずだ。大丈夫。問題ない。まだまだがんばれる――。理屈ではそうわかっていたが、その夜、部屋のろうそくを吹き消した後も、僕は一睡もできなかった。

翌朝、八時に出勤してくると言っていたルンドゥプは、七時にはもう台所で朝食の支度をしていた。

「何かあったの、ルンドゥプ？　目が真っ赤だよ」

「君の盗まれた飛行機のチケットや荷物のことを考えていたら、全然眠れなかったよ……」

そう言って彼は、昨日と同じバスが今日引き返してきてレーに向かうはずだからと、ふもとのバス停まで一緒に来て、運転手や車掌に「怪しいやつはいなかったか？」とあれこれ聞き込みまでしてくれた。別れ際に昨夜の宿代を払おうとすると彼は首を振って、

「ダメだ、受け取れないよ。君は荷物を盗まれて困っているのに……」

「何言ってんだよ！　金はまだ全然大丈夫なんだ。頼むから受け取ってくれ」

僕はそう言って紙幣を彼の手の中に押し込んだ。

「今年の秋は、ボノナー（大収穫祭）があるんだ。また来るかい？」

「もちろん！　約束する」

差し出された彼の手を握った後、僕はバスに乗り込んだ。

帰りのバスは、レーまであと二十キロというところで、エンジントラブルでストップしてしまった。しばらく経ってから通りがかったピックアップトラックの荷台に乗せてもらい、どうにかレーに着いたのは、日が暮れる直前のことだった。

ノルブリンカ・ゲストハウスに戻ってみると、野菜や草花がたっぷりと茂っている庭の片隅で、デチェンがぽつんと一人で椅子に座っていた。

「ただいま、デチェン。……どうしたの？」

「どうしたのって……タカ、あんた大丈夫かい？　アチュクは、昨日あんたの乗ったバスがもうすぐレーに戻ってくるから、バスターミナルでいろいろ調べてくるって出かけてったよ。いったい何があったんだい？　昨日電話があってから、気になってさ……」

「うん、実は……」

一通り事情を説明すると、デチェンは憤然として言った。

「ほんっとに悪いやつがいるもんだね！　そんなやつは絶対に警察に捕まえてもらわなきゃ！　だって、こういう時のために警察はいるんだからね！　……なに、そういう悪いことをしたやつは、必ずめぐりめぐって報いを受けるものなんだよ。うん、絶対捕まるよ。ほんとに悪いやつだ……」

「だといいね。でも、僕も油断してたんだ……」

「そうだよ！　あんたも悪いんだよ！」と、彼女は今度は僕に対して怒った。「どうして大事な荷物を屋根に積んだりしたんだい？　ほかの客の迷惑になってもいいから、バスの中で、ちゃんと肌身離さず持ってなきゃダメじゃないか！」

「ごめん……」

「さあ、早く警察に行っておいで！　あー、ほんとに悪いやつがいたもんだ……」

　薄暮の中を警察署に向かって歩きながら、僕は、今までに感じたことのなかった思いを噛みしめていた。自分のことをこんなにも心配してくれる人たちが、このラダックにいてくれる。それが心の底からありがたかったし、ラダックが今の自分の居場所になっているのだということを、痛いくらいに感じていた。平穏無事な日々を過ごしているだけだったら、気づかずに過ぎていたことかもしれない。

　みんな、ありがとう。

チベットの心

「あっ、しまった」と、突然デチェンが言った。「玄関の鍵を持ってくるのを忘れてきちゃったよ」

レー近郊の町チョグラムサルへと続く道は、まだ朝の七時だというのに大渋滞していて、僕たちが乗ったワゴン車のタクシーもその中に巻き込まれていた。

「タカ、あんたは鍵持ってるかい？」

「宿に残ってる友達に預けてきちゃった」

「まったく、何をやっとるんだか……」と、デチェンの夫のツェタン・タシが鼻を鳴らした。だが、単身赴任先のデリーからこの日のために休暇を取ってラダックに戻ってきた彼も、後で判明するのだが、実は財布も鍵も宿に忘れてきていたのだった。

二人が舞い上がるのも無理はない。今日は、ダライ・ラマ法王のティーチング（説法）があるのだから。

ダライ・ラマ十四世テンジン・ギャツォは、一九三五年七月六日、チベット北東部のタクツェルという村に生まれた。二歳の時、先代ダライ・ラマの転生者として認定され、五歳の時にチベットの首都ラサで即位。幼くしてチベット仏教の最高指導者となった。

一九五〇年、中華人民共和国の人民解放軍がチベットに侵攻した。占領下に置かれたチベットでは軍とチベット人との間に緊張が高まり、一九五九年、ダライ・ラマ十四世は軍による拉致を逃れるためにインドに亡命。ヒマーチャル・プラデーシュ州のダラムサラという街でチベット亡命政府を設立した。以来、法王は一度も祖国の地を踏んでいない。

法王が亡命した後のチベットでは、人民解放軍による武力弾圧や拘禁、餓死などによって百二十万人ものチベット人の命が失われ、チベット全土のゴンパの九割が破壊された。十数万人のチベット人が命の危険を犯して国境を越え、インドやほかの国へと亡命した。ラダックに移り住んだ亡命チベット人も大勢いる。チョグラムサルはその中でも最大の居住区の一つで、難民の子供たちを中心に受け入れている寄宿学校のTCV（チベット子供村）をはじめ、学校や役所、支援団体の事務所などが置かれている。

ダライ・ラマ法王のための邸宅もチョグラムサルにある。その広大な敷地の芝生では、毎年夏になると静養に訪れる法王がティーチングを行うのが慣例となっている。渋滞を抜けてようやく辿り着いたその会場は、見渡すかぎりの人、人、人。たぶん数万人は下らないだろう。こんなにたくさんのラダック人やチベット人を一度に見たのは初めてだ。敷地内には強い日射しを避けるための天幕が広く張られているが、その下にはとても収まりそうにない。暑い。アイスキャンディーの屋台が大盛況だ。

「タカ、あの右奥が外国人用の席だよ」とツェタンが指さした。

「いえ、僕も一緒に行きますよ」

「ダメだ、せっかくのお話なのに……。あそこでは英語の通訳が流れるはずだから、行きなさい」

僕は二人と別れ、荷物のセキュリティ・チェックを受けた後、その場所に行ってみた。なるほど、大勢の外国人が地面に座っている。天幕を支える柱には、通訳の音声を流すためのスピーカーがいくつか据えつけられている。地面にポリ袋を敷いて座って待っていると、ギャリンの音が高らかに鳴り響き、人々がいっせいに立ち上がって両手を合わせた。

やがて、壇上に置かれた高台の席にダライ・ラマ法王が現れ、腰を下ろすのが見えた。四角い大振りのメガネをかけた、柔らかな表情。数万人の視線を一身に浴びているとは思えないほどのゆったりとしたしぐさ。袈裟《けさ》の肩口をチョイチョイと直すと、法王は前に置かれた数台のマイクに向かって語りかけはじめた。

この時のティーチングは「ラムリム・チェンモ（菩提道次第広論）」についてのものだったが、具体的にどんな内容だったかと聞かれると、正直難しくてよくわからなかったと白状しなければならない。通訳は、まず法王がチベット語で話した後、ラダック語の翻訳が場内に流れ、それとほぼ同時に英語の翻訳が外国人席に流れるというものだった。でも、ティーチングの内容はその通訳の担当者も時々まごつくほどだったし、それを聞いている周囲の外国人たちも頭上にハテナマークが浮かんでいる状態だった。会場にいたラダック人やチベット人たちも、みんながみんな、その内容を十分に理解していたわけではなかっただろう。でも彼らにとっては、ダライ・ラマ法王が目の前にいて、そのお話を聞いているというだけでも特別なことなのだ。数珠を手で繰りながら壇上の法王を見つめる彼らの瞳には、深い畏敬の念があふれていた。

ティーチングの途中、法王が瞑想について話をしている時、ある言葉に反応して人々がどっと大笑いした。何だったのだろうと英語通訳に聞き耳を立てていると、法王はこう言ったのだった——。

「いい瞑想をするのに必要なのは、座り心地のいいクッションです」

そんなお茶目なコメントを挟みつつティーチングを続ける法王の姿を見ながら、僕は安堵していた。温かくて深みのある声。ハッハッハッという愉快そうな笑い声。ヒョコヒョコとせわしげに肩をゆするしぐさ。以前、日本でお見かけした時と同じだ。お元気そうでよかった。チベットの人々にとって、彼は唯一の希望なのだから。

六日間続いたティーチングが終わった翌日の夕方、ノルブリンカ・ゲストハウスではそのお祝いに、ご近所さんを招いてのささやかな宴が開かれた。台所では、デチェンや近所の女性たちがモクモク（チベット風の蒸し餃子）の支度をしている。ジミが包丁を手に、タタタタタ、とものすごい勢いで野菜を刻んでいる。感心して写真を撮っていると、彼はフッと笑って言った。

「ハッハー、タカ！　キミにはこういうスキルはあるかな?!」

「無理無理。俺、食べるの専門だから」

隣のサンルームにいたツェタンが「こっちに来なさい」と僕を呼んで、コップにビールを注いで渡してくれた。白髪に口ひげをたくわえた小柄で穏やかな紳士の彼は、何となく晩年のチャップリンに似ている。声を荒げたりすることはめったにないが、息子たちにはいつも厳しい。

彼と近所から集まった男たちは、ビール片手にくつろぎながらも、何やら真剣な話をしている。

時折漏れてくる単語で、何となくその内容はわかった。

「……タカ、私たちは今、次のダライ・ラマについて話をしているんだよ」

「ええ、そうだと思いました」

観音菩薩の化身と信じられているダライ・ラマの称号は、世襲などではなく、先代の遺言や占いによって探し出され、先代の持ち物を見分けるなどの試験に合格した転生者に受け継がれる。代々のダライ・ラマの転生者はチベットの大地に生まれてきた。でも、もし十四世が亡くなったら、その転生者はどこに現れるのか？　インドか、それともチベットか？　もしチベットに現れたら、その子供はパンチェン・ラマ十一世のようになりはしないか？　それが彼らの話題だった。

パンチェン・ラマは、阿弥陀如来の化身とされている、チベットではダライ・ラマと対を成す最高位の高僧だ。一九九五年、先代の死後にゲンドゥン・チューキ・ニマという六歳の少年が伝統的な手法によって探し出され、パンチェン・ラマの転生者として認定された。ところがその直後、ニマ少年とその両親は忽然と姿を消す。彼の存在を邪魔に感じた中国当局が、彼らを拉致してしまったのだ。代わりに中国当局は、まったく別の少年をパンチェン・ラマだとして発表し、現在に至るまで傀儡《かいらい》として利用し続けている。翌年、中国当局はニマ少年の拘留を認めたものの、その理由は「ニマ少年はチベットの民族主義者によって誘拐される可能性があるから、当局が保護している」というものだった。以来、ニマ少年の消息はまったくつかめていない。

その存在が邪魔であれば、六歳の少年ですら拉致してしまう。今の中華人民共和国とは、残念ながらそういう国なのだ。

チベットでは今、ダライ・ラマ法王が「文化的虐殺」と呼ぶ中国の同化政策が進んでいる。北京からラサまでの鉄道が開通した後、ラサには以前にもまして大勢の漢民族が流入し、次々と建てられる近代的なビルやデパートの影で、チベット人たちはわずかな区画に追いやられてしまった。チベット人の子供たちは、満足にチベット語やチベットの歴史を学校で学ぶことができない。広大な草原で自由に暮らしていた遊牧民たちは、家畜を奪われ、農民になって畑を耕せと強制されている。ダライ・ラマ法王の写真を持っているのが公安に見つかったら、それだけで逮捕されてしまう。悲しいことに、今やラダックの方がチベットらしさが残っているとまで言われているのだ。

チベットでは、かけがえのないものが失われようとしている。歴史も、文化も、心そのものも。

収穫の時

村人たちは両手を合わせたまま、ゴンパの奥にあるお堂へと視線を注いでいる。狭い境内は人でぎっしりと埋まり、動くことすらままならない。ドンドンドンドン、と絶え間なく響く太鼓の音。時折、「キキソソラギャロー！（神に勝利を！）」という男たちの叫び声が聞こえてくる。

ここは、かつてレー以前に王都が置かれていた村、シェイ。聖なる湖のほとりにそびえる岩山には、壮麗な王宮の跡が今も残っている。今日は村人たちが待ちに待ったシュウブラ（収穫祭）の日だ。村にあるゴンパの中では今、一人のラバ（神降ろし）がドルジェ・チェンモと呼ばれる護法女尊を自身に憑依《ひょうい》させるために、かれこれ三時間も祈祷を続けている。ドルジェ・チェンモは降りてくる年もあれば、降りてこない年もあるという。今年はどうだろうか？

突然、どよめきとともに人垣が割れ、ラバが姿を現した。目の前を見ているような見てないような、異様な目つきだ。どうやら、本当にドルジェ・チェンモが降りてきたらしい。頭上には金色の冠を頂き、白地に刺繍が施されたあでやかな衣装を着ている。その胸では、ラバの必須アイテムである大きな丸い鏡が鈍い光を放っている。

ラバが地面より一段高くなっているチョルテン（仏塔）の縁によじ登ると、周囲からいっせいにチャン（大麦で作ったどぶろく）やラム酒、ウイスキーの入ったびんが差し出された。ラバは差し出されたびんを受け取ると、ぐびっと飲んで、中身の残りを周囲にビュンビュン振りまく。

時々空を指さしてお告げのような言葉を口にしながら、ぐびっとやっては振りまき、またぐびっとやっては振りまく。まともに飲んでいないとしても、あれではすぐに酔っ払ってしまいそうだ。

際限なく差し出される酒びんに囲まれながら、ラバは近くに鞍を置いて用意されていた小さな白馬にまたがった。トルコ石をちりばめたペラクと呼ばれるヘッドギアをつけた盛装の女性たちを先頭に、ラバの行進が始まる。速い。僕は駆け足で追いかけながら、カメラのシャッターを切り続けた。ラバは村の中を練り歩きつつ、時折馬を止めては、ドルジェ・チェンモからの神託を告げる。それに一心に耳を傾け、うなずき、また酒びんを差し出す村人たち。走っては止まり、飲んでは告げてをくりかえし、ラバと人々は彼らの村をめぐる。

この神託の祭りの後、いよいよ収穫が始まるのだ。

シュウブラの取材のためにシェイに滞在していた時、僕は一人の日本人に会った。彼の名前はケイタ君。日本のNPO法人ジュレー・ラダックのファームステイプログラムに申し込んで、約四カ月間、シェイやティクセ、イグー、サスポルといった村に滞在して、畑仕事を手伝っていたのだという。

驚いたのは、彼がびっくりするほど流暢なラダック語を話せるようになっていたこと。日常的なやりとりではまったく困らないどころか、合間にちょっとしたヤンスパ（冗談）を交えながら話ができるようになっているのだから、驚異的な上達っぷりだ。ほぼ同じ期間をラダックで過ごしていながら、単語を適当に並べるだけでろくに会話もできないでいる自分が恥ずかしくなった。

「ラダックに来たばかりの頃は、ものすごくつらかったんです。周りの人が何をしゃべってるのかさっぱりわからないし、黙ってたら『なんで黙ってるんだ、何かしゃべれ』とか言われるし……。だから、ラダック語の教本や辞書を買ってきて、必死になって勉強しました。でも、ある程度しゃべれるようになった今は、みんなと過ごしている時間がすごく楽しいんですよ」

彼とシェイの村を歩いていても、「ケタレ（ケイタさん）、ケタレ」と、小さな子からじいちゃんばあちゃんまで、至るところでたくさんの人がケイタ君に声をかけていたし、それに受け答えしている彼の顔も本当にうれしそうだった。そんな風に彼がラダックの人々の中に溶け込むことができたのは、彼がラダック語をしゃべれるようになったからだけではない。農作業や日々の雑用、そして特技である料理の腕前を活かした炊事の手伝いなど、自分ができることなら何でもやろうという意気込みで取り組んだ彼の頑張りが、みんなに認められたからだろう。

「もうすぐ日本に帰るんだよね。もっとラダックにいたい？」と訊くと、意外な答えが返ってきた。

「ここに来る前は、ラダックに行きたい、というくらいしか、やりたいと思えることがなかったんです。でも今は、早く日本に帰りたいですね。帰ったらやってみたいことが見つかったんですよ」

その後、帰国したケイタ君は、医師になるための勉強を始めた。それは決して楽な道程ではないけれど、でも、たぶん大丈夫。ケイタ君は、ラダックという自分の居場所を見つけたのだから。

シェイを離れた僕は、ヒッチハイクした軍のトラックの荷台で大量のニワトリと一緒にガタゴト揺られながら、ひさしぶりにサクティにやってきた。

三カ月前は土気色の畑ばかりだった谷間は、見渡すかぎり一面の黄金色の麦畑に変わっていた。日の光を浴びて輝く長いひげを伸ばした穂が、風にそよぐたび、さらさらと乾いた音を立てる。自分が種を蒔くのを手伝った畑の驚くほどの変貌ぶりに、僕は圧倒されていた。

あの大きなラル・チャンの木を目印にツェリン・ナムギャルの家を訪れると、彼は台所でペチャ（経典）を読んでいるところだった。

「おお、ミスター・タケ！」と、ツェリンは顔を上げて言った。「どうした今日は？」

「何言ってるんですか、ツェリン。これからナプサ（麦の収穫）でしょ。手伝いに来たんですよ」

彼の口元がほころんだ。

「そうか。やるか」

再び、土埃と汗にまみれる日々が始まった。

最初に手伝ったのは豆の収穫だった。この日は近所から応援に来た夫婦二人が、デスキット・アンモとともに刈り取り作業をした。ツェリンは膝が悪いので、長時間しゃがんだままの刈り取り作業は厳しいのだ。

サクティの人々は、収穫する時に鎌を使う。鎌は大きく湾曲した三日月形で、刃に指先を押し当てても鋭さがなく、あまり切れそうに思えない。ところが、これを村人たちが使うと、見事なくらいあっさりと豆や麦を刈り取る。左手で茎をつかんでは、ザクッ、ザクッと根元から刈る。小気味いいリズム。僕がやってても足手まといになりそうだったので、ほかに人手が必要な仕事――

――刈り終えた豆を背負って運ぶ作業に専念することにした。

通し金具のついた太いひもを二列にして地面に置き、そこに「えっ！」というくらいの量の豆の束を載せる。下から回したひもを金具に通して縛り上げ、ひもと豆の束の隙間に左右の腕と肩を通す。さて、ここからだ。この山のような豆の束を背負ったまま一人で起き上がるには、ちょっとしたコツがいる。左右のバランスを保ちながら足首を柔らかく使って重心を前に移し、エイヤッと一気に起き上がるのだ。

運ぶ距離自体はたいしたことはないのだが、水分を含んだ豆の束はずっしりと重く、石垣を上がったりしているとだんだん息が切れてくる。でも、ムトゥク・ドルマは僕と同じくらいの量の豆の束を、フンフン鼻歌を歌いながら運んでいる。六十過ぎのおばあちゃんなのに。

豆の束を背負って行ったり来たりをくりかえしていると、豆置き場でムトゥクが束を背にしたまま地面にごろんと座り、青い豆をさやから出して、生のままぽりぽりと食べているのに出会った。

「……ジンポーラ？（おいしい？）」

「……ジンポーラ（おいしい）」

考えてみれば、これが無口なムトゥクと交わした初めての会話らしい会話だった。

翌々日は大麦の収穫だった。僕は再び運搬役を担うことになった。大麦は豆よりも乾いているので、運ぶのは少し楽だ。でも、背負って歩いていると細かい麦わらが首筋や背中にチクチク刺さって、結構かゆい。カッ、と日射しが照りつける。畑に持ってきた水筒の水はとっくに尽きてしまった。

この季節の畑には、驚くほどたくさんの生命があふれている。豆の葉にはアブラムシがくっついているし、地面にはアリが、空には羽虫が飛び交っている。穴の中から子ネズミが顔を出す。落穂や虫たちを狙って、スズメがピョンピョン地面を跳ね回る。種蒔きの時には生命の気配すらほとんど感じなかったのに、この苛酷なラダックの大地も、作物が育つだけでこんなにも変わるものなのだろうか。

すべての麦を刈り終え、運び終えたのは、日が沈みかけた頃だった。最後に麦束を二、三の大きな山にまとめ、地面に落ちた穂を木製の歯の粗い熊手のような道具でかき集める。これが、簡単なようでなかなか終わらない。かいてもかいても、地面に落穂が残ってしまう。周囲が薄暗くなってきた。気がつくと、右手の親指の付け根の皮がすりむけていた。

「ミスター・タケ。もういい。家に戻りなさい」とツェリン。

「いえ……もうちょっと」

もともとたいした戦力ではないのだから、自分にできることは最後まできちんとやり遂げたかった。そうしないと、いつまでもお客さん扱いのままのような気がした。

山の端の西日の残照が消えかけた頃、ようやくすべての仕事が終わった。家に戻り、上半身裸になって、頭から水をかぶる。気持ちいい。

着替えてから台所に行くと、タシ・ギャルツェンの妻、スカルマ・チョンドルが来ていた。彼女はサクティのメディカルセンターで看護師として働いていて、レーからバスで毎日通ってきている。ツェリンの家の畑仕事が忙しい時は、仕事が終わると泊まりがけで炊事の手伝いに来るのだ。

「タカ、今日のあんたはよく働いたね」と、彼女は夕食のサブジーをよそった皿を僕に渡しながら言った。「あんたは種蒔きの時も、収穫の時も来てくれた。一番忙しい時に来てくれた。あんたはもう、立派なサクティパだよ」

たとえお世辞とわかっていても、僕はうれしくてたまらなかった。サクティパ――サクティの村の男。これ以上のほめ言葉はない。

「ツェリン、この後はどんな仕事があるんですか？　脱穀とか……」

そう僕が訊くと、ツェリンは顔をゆがめて笑って、

「マシーン（機械）だよ」とだけ言った。

「そうなんですか……」

昔ながらの伝統的な脱穀作業が見られると思っていた僕は、少し落胆した。

「タカ、あんたはもうすぐザンスカールに行くんだろ？」とスカルマが言った。「ザンスカールなら、まだ昔のやり方でやってるはずだよ。ちょうど、あんたが行く頃じゃない？」

ザンスカールへ

ザンスカールへ行くのなら、歩いていくと決めていた。幾重にも折り重なる峰々を、自分の足で踏み越えていきたかった。

ザンスカールは、ラダックの南西に位置する、ラダックよりもさらに険しい山に囲まれた地域だ。オリヴィエ・フェルミや庄司康治の写真でそのすばらしさを知って以来、ザンスカールは僕にとってずっと憧れの場所だった。今までも、訪れるチャンスがなかったわけではない。レーから西部のカルギルを経由して、車で二、三日かければ行くことはできる。でも、もし車ですんなり楽に辿り着いてしまったら、その第一印象は、僕が憧れていたザンスカールとはかなり違ったものになってしまいそうな気がした。その雄大さを、その厳しさを、一歩々々自分の身体に叩き込みながら、歩いていってみたかったのだ。

ザンスカールへのトレッキングのメインルートは、ラマユルからパドゥムまでの約十二日間の道程。途中には、四千から五千メートルに達する八つの峠越えがある。装備や食料、撮影機材をすべて一人で担いでいくのは難しい。かといって、ほかのトレッカーのようにガイドやコック、アシスタント、ホースマン（馬の世話係）、荷物を運ぶ馬たちをぞろぞろ引き連れた、大名行列のようなトレッキングはしたくない。悩んでいると、レーの旅行代理店で働いている友人のチベット人、テンジン・クンガがこんなアドバイスをしてくれた。

「ホースマンを一人だけ雇えばいいんですよ。彼がガイドも、料理も、馬の世話もしてくれます。テントや調理器具は全部彼が持ってるし、料金は馬の頭数と日数に合わせて払えば大丈夫」

そう言って彼はある日、一人のホースマンに引き合わせてくれた。ンガワン・ドルジェ、普段はヒンジュという村で農業を営む、謹厳実直な三十七歳。必要最小限の英語も話せる。日程や料金も問題なく折り合って、具体的な打ち合わせを進めていると、テンジンがちょっと心配そうな顔をして僕にこう訊いてきた。

「……馬じゃなくて、ロバだって言ってるんですけど、いいですか?」

「……ロバ?」

こうして、一人の農夫と三頭のロバと往く、ザンスカールへの旅が始まった。

初日は、ラマユルからワンラという村へ行く。峠越えはあるものの、距離は短く、ウォーミングアップ的な道程だ。ラマユル独特のあのどろどろに溶けたアイスクリームのような山塊を横目に、山の中に分け入っていく。たくさんの荷馬を連れた地元の人々の一行が僕たちを追い越していった。

我らがロバたちは、どうなることかと思ったが、意外と働き者だ。食糧や炊事道具や僕のバックパックをどっさり背負っているのに、けなげに歩き続けている。たまにふらふらっと寄り道しかけても、ドルジェが「ヤッ!」と命令して木の枝で叩くと素直に従う。歩く速さは馬より遅いが、人間の歩く速さとほとんど同じなのでちょうどいい。何だか愛着が湧いてきて、鼻面の黒い

オスをブンブー一号、尻尾の短い元気なメスをブンブー二号、いつもおならばかりしているメスをブンブー三号と呼ぶことにした。ブンブーとはラダック語でロバのことだ。

歩きはじめて一時間ほどで、三千七百メートルの峠、プリンキティ・ラを越える。行く手にはこの先に待ち受けている山々が、かすむこともなく見えている。ここから、長い旅が始まるのだ。ドルジェが「キキソソラギャロー！」と叫ぶと、それを待っていたかのように、一、二、三号がそろって勢いよく放尿した。

急な坂を駆け下りるように下り、それから一時間半ほど歩いて、ワンラの村に着く。静かでのんびりとした村で、村の中心の岩山には古い城塞の跡と小さなゴンパがそびえている。キャンプサイトにはほかに客がおらず、僕たちは常設の大きなテントの中に泊めてもらえることになった。

村の中を少し散歩し、ゴンパの建つ岩山を登っていると、上の方から「ジュレー！　こっちにおいでー！」という声が聞こえてきた。上に着いてみると、十七、八歳くらいの三人の村の女の子たちが、夕日を浴びながら道端に座っていた。

「どこから来たの？　日本？　キャーすごいカメラねえ。どこに行くの？　ザンスカール？　遠いわねー！　あたし行ったことないわ……。えっ、ロバと?!」

逆にここで何をしているのかと訊くと、女の子たちはやあねえといった顔で、少し離れた地面に転がしてある背負いかごを指さして、

「ストーブにくべる牛や羊のウンコ集めてんのよ！」と言った。

眼下に広がる畑ではほとんど収穫が終わっていて、たくさんの羊が畑の中に放されているのが

見えた。路上でクリケットをしている男の子たち。とめどもなく立ち話をしているおばちゃんたち。そんな人々の声が、夕暮れの空に遠く響いていた。

翌日は、ワンラからハヌパタという村まで。途中まではジープロードを辿っていくので楽だ。川沿いののどかな風景の中を歩いていた僕たちの前に、やがて、急に山が迫ってきた。

いいや、山というより、断崖だ。渓流の両岸にそそり立つ、落差百メートル以上はある垂直の切り立った崖。そんな絶壁の中腹に申し訳程度に穿たれた細い道を、ロバたちを追いながらそろそろと歩いていく。このあたりでは、馬が荷物ごと川に転落してしまうことも珍しくないという。僕も最初はこのとんでもない風景に圧倒され、あっけにとられて、何度もカメラのシャッターを切っていたのだが、そのとんでもなさがあまりにも延々と続くので、そのうち、ちょっとやそっとの崖では驚かなくなってしまった。

川辺に下りられる場所で昼食。ドルジェが朝のうちに焼いておいてくれたチャパティ（小麦粉を練って薄く伸ばして焼いたもの）とバナナ。今回のトレッキング中、昼食は火を起こして料理したりせず、こうした携行食で済ませることになる。泡立ちながら流れる川の水を水筒に汲んで飲む。きりっと冷えていてうまい。

やがて谷間が少しずつ開け、川沿いに広がる小さな村、ハヌパタに到着。村人から聖木として崇められている大きなシュクパ（ヒノキの一種）と祭壇の前を過ぎ、村外れにあるキャンプサイトへ行く。ドルジェはロバから荷物を降ろすと、今夜寝るためのテントを張りはじめた。といっても、黄色い大きなビニールシートをひもと棒切れで張り、周囲を石ころで押さえただけの代物だ。そのあまりの通気性のよさに、この先、標高四千メートルを越える場所で幕営したりするのに大丈夫か、とちょっと心配になる。

ドルジェがテントの中で夕食の支度をしている間、僕はしばらく外に佇んで、轟々《ごうごう》と流れる川の音に耳を傾けていた。対岸の山の中から、村人たちが追うものすごい数の羊やヤギやロバの群れが駆け下りてきて、川を渡り、キャンプサイトのすぐ横を通り過ぎていった。やがて日が暮れ、山に囲まれた狭い空に星が瞬きはじめた。

断崖の次に待っていたのは、圧倒的なまでに広大な峡谷だった。

ハヌパタを出発して、川沿いの道をゆるゆると上りながら南に折れていくと、その峡谷は現れる。見事なくらいにきれいなV字型に形作られたそのシルエットが、はるか南の彼方まで、まったく変わらずに続いている。どこまで歩いても、同じV字型の景色。たった一本の川が、気の遠くなるような時間をかけて、この途方もない峡谷を削り出したのだろうか。岩陰から黒い鳥がパッと羽ばたき、上昇気流を受けながら翼を動かさずに舞い上がる。「チュンカだ」とドルジェがその名を教えてくれた。

二、三時間ほど歩いて、旅人相手に商売をしている茶店でチャイを飲んで小休止。その少し先で谷を降りて橋を渡り、左岸へ移る。石ころだらけで歩きにくい河原を抜けると、やがて左に峠らしきものが見えてきた。シルシル・ラ、四千八百メートル。

それまでの行程でだいぶ高度を稼いでいたからか、シルシル・ラ自体の登りは比較的楽だった。峠の上からは、雪を被ったいくつもの名もなき高峰や、明日越えることになる峠、センゲ・ラまでくっきりと見える。しばらく写真を撮っていて、ふと気がつくと、ドルジェもロバたちもいない。どこへ行った？　あわてて峠の周囲を見回すと、彼らは峠でまったく立ち止まることなく、そのまま一、二キロばかりも先に下りてしまっていた。

「ドルジェさん！　……どうして先に行っちゃったの？　せっかく峠に着いたんだから、ナクシャ(写真)くらいゆっくり撮らせてよ！」

「……ソーリー、ソーリー」

ロバたちの挙動には目配りの聞く彼だが、愛情余って、自分の雇い主のことは時々すっかり忘れてしまうのだった。

そのロバたちの調子はというと、今日も相変わらずマイペースだ。ブンブー一号は一番重い荷物を背負わされているからか、むくれたように二号の後ろをのろのろ歩いている。ブンブー二号は道が下り坂になると、時々トトトトッと小走りに先に行っては、僕らが追いつくまでの間に道端の草をつまみ食いしている。非力なブンブー三号は、定位置の最後尾で一番楽で最短距離の道を模索しながら、プップカプップカおならばかりしている。

土埃の舞い上がる道を二時間ほど下っていくと、いくつかのチョルテンの向こうに、村らしきものが見えてきた。フォトクサル。崖っぷちぎりぎりに建てられた古い家並が残っていることで知られている村だ。

フォトクサルはほかの村よりも少し気温が低いらしく、麦の収穫がまさに始まろうとしているところだった。渓流の両側の斜面に広がる黄金色の麦畑が、西日に眩しく輝き、風に波打つ。キャンプサイトに荷物を下ろしてから、カメラを手に村の中を散歩していると、大勢の村人たちが収穫の手を止めては、「ジュレー！　アチョレ（にーちゃん）、どこから来たんだ？　こっちに来ーい！」と声をかけてきてくれる。軽く自己紹介をしながら、何枚もポートレートを撮らせてもらった。みんな本当にいい顔をしている。

日が沈むと、急に冷え込んできた。インスタントのポタージュスープがはらわたにしみる。ドルジェはチャンをうまそうに飲んでいる。彼はどの村でも、必ずどこからかチャンを調達してくるのだ。

翌朝はいつもよりさらに早く、五時頃に起きた。朝食はすぐに作れるメギ（インスタントラーメンの商品名）。今日は早く出発しなければならない。それだけ今日の行程は長いのだ。「センゲ・ラは難しい」と、ドルジェが鍋をかき回しながら、実感のこもった口調で言った。

メギをすすっていると、キャンプサイトのすぐ近くにヤクの群れが現れた。ゆったり歩いているヤクもいれば、角を突き合わせてじゃれあっているヤクもいる。いや、それとも喧嘩しているのだろうか。一人の老人が「ハッ！」と声を上げながら、ヤクたちを追って山の上の放牧地へと消えていった。

七時過ぎに出発。フォトクサルを離れてすぐ、ブミクツェ・ラという峠を越える。はるか南に、

今日の、そして今回の旅の最大の難関であるセンゲ・ラが見える。確かに遠い。でも、ここから見える道程は割と平坦そうだし……と思っていたら、甘かった。なだらかに見えた平原は、実は数え切れないほどうねうねと連なる丘の集合体だったのだ。最初のうちは、道端の穴からひょっこり顔を出したピャ（マーモット）の写真を撮ったりする余裕もあったが、そのうちだんだん足が重くなる。上っては下り、下っては上る、ひたすらそのくりかえし。ただ黙々と歩き続ける。いったいどれくらい歩いたのかも、どれくらい高度を稼げたのかもわからない。今日は空が曇り気味で、直射日光で体力を消耗しなかったのがせめてもの救いだった。

歩き続けて四時間後、センゲ・ラの手前にある茶店に到着。ほかにメニューがないので、昼食も朝と同じメギで我慢する。峠の反対側から、何十頭ものロバを追う若者たちの一団が現れ、茶店でチャイをすするのもそこそこに通り過ぎていった。この長丁場、僕たちもゆっくりしている余裕はない。

標高五千メートルに達するセンゲ・ラの登りは本当にきつい。露骨に酸素が少ないのがわかる。ブンブー一、二、三号もつらそうで、細い足でよろよろ踏ん張りながら、ジグザグの道を登っていく。

こんな標高の高い場所にも、植物は育ち、花を咲かせている。きれいな青紫色の花のひとむらを見つけた僕がしゃがんで写真を撮っていると、背後でドルジェがぼそっと言った。

「この花を馬やロバが食べると、病気になって死んでしまうんだ……」

「えっ、ほんとに?!」

両膝に手を添えながら、ゆっくりと、ほとんど這い上がるようにして、ついにセンゲ・ラに到着。そのとたん、南側の斜面から、恐ろしく冷たい雪混じりの疾風が吹き上げてきた。とてもじゃないが、じっとしていられない。「タンモー！（寒い！）」と叫びながら、一目散に駆け下りる。でも、そのさなかに目にした、もやの向こうに垣間見えるザンスカールの光景はすさまじかった。自然のものとは思えないほど鋭利な形をした峰々。ありえないほどまっさかさまの深い谷。そしてその奥にひっそりと息づく小さな村。すべてが、今まで自分が知っていた尺度を越えている。これがザンスカールなのか……。

フォトクサルを出て八時間以上経って、ようやく今夜の宿となる小さな茶店に到着。一応「HOTEL」と書いてあるが、石造りの小屋の正面に天幕を張っただけの簡素なものだ。ヘトヘトの僕に、店番の青年がとっておきのインスタントコーヒーを淹れてくれた。彼は来年からレーの大学に通うのだという。試験も受かった、とうれしそうに話していた。

こんな山の中なのに、人通りは結構多い。年老いた妻を白馬に乗せ、その手綱を引いて旅する老人。ワンラまで日用品の買い出しに行くという、たくさんのロバを連れた二人の少年。僕にとっては圧倒されるばかりのこの世界も、彼らにとっては日常なのだ。

翌日、キュパ・ラとネトゥケ・ラという二つの峠を越えて四時間ほど歩いていくと、やがて眼下に、山々の懐に抱かれた村が見えてきた。リンシェだ。七、八十軒の民家とリンシェ・ゴンパという大僧院がある、今回のルート上でもかなり大きな村だ。

村のキャンプサイトに着いて荷を降ろしていると、ゴンパから来たらしい五、六人の小坊主たちがワーッと声を上げて集まってきた。僕のカメラバッグを指さして、写真を撮ってくれという。カメラを取り出して構えると、「ちょっと待って！」と言いながら、僕たちの荷物の中から杖や丸めたマットレスを取り上げて、「長旅で疲れ果てた旅人」風に撮ってくれとリクエスト。みんななかなかの演技者で、おかしくて何枚も撮ってしまった。

リンシェの麦や豆の収穫はもう七割ほど終わっていて、村人の多くはオンセ（風選）と呼ばれる作業に精を出していた。ヤクやゾに踏ませて脱穀した麦や豆を、風に晒して殻と中身をより分けるのだ。真っ黒に日焼けした夫婦が豆のオンセをしているところに行って、写真を撮らせてもらう。二人は豆の山を挟んで向かい合い、呼吸を合わせて熊手で何度も豆をすくい上げる。宙高く浮いた豆から、軽い殻がまるで煙のようにきれいに風に飛ばされ、中身だけが下に落ちていく。しばらく見物していると、彼らの子供たちが集まってきて、岩の上にちょこんと座ってポーズを取ってくれた。

いい村だ。歩けば歩くほど、心に染み入ってくるような美しさを感じる。あっちこっちで村人たちに「ジュレー！」と呼び止められて質問攻めに遭う。といってもほとんどがラダック語なので、僕の乏しいボキャブラリでは「僕は日本人だ。ラマユルからパドゥムまで行く。ヒンジュパ一人と、ブンブー三頭と一緒だ」というくらいしか説明できないのがくやしい。もっとラダック語を勉強しなければと痛感する。それでも老人たちは「よく来たなあ、日本の人。リンシェはいい村だろ？」と陽気に笑い、おばちゃんたちは何杯もバター茶をすすめてくれ、男の子たちは我先に

「撮って撮って！」と、カメラの前で押し合いへし合いしながら笑顔を見せてくれるのだった。

誰かが、懐かしいメロディの口笛を吹いている。子供たちの歓声がこだまする。

次の日は昼過ぎまでリンシェで休養し、午後はその翌日に控える難関、ハヌマ・ラのベースキャンプまで移動した。鉄灰色の山の斜面に広がる、黄緑からオレンジに色づきはじめた背の低い灌木や草々のグラデーション。ベースキャンプは風が強く、僕たちのテントでは持ちこたえられない。すでに店じまいしている茶店の天幕の下に荷物を入れ、そこで寝ることにする。ドルジェは「大丈夫、大丈夫」と言いながら、吹きさらしの外の地面で寝袋にくるまって横になり、そのまま眠ってしまった。

翌朝は五時半に起き、メギで手早く朝食を済ませた。七時過ぎに出発。空は恐ろしいくらいに晴れている。目の前にそびえる四千七百メートルのハヌマ・ラは、斜面が急すぎて一番上がどのあたりにあるのかも見えない。本当にこれを登るのか？　見上げるだけで気が遠くなりそうだ。

この峠の厳しさは、高低差や斜度だけではない。急斜面に作られたトレイルは、場所によっては幅が三、四十センチほどしかなく、端の柔らかいところを踏み抜かないようにするだけで神経を使う。ふりかえると、ほとんど真下といっていいほどはるか下に、昨夜泊まったベースキャンプと茶店がぽつんと見える。

苦しい。息が切れる。膝に力を込めながら、一歩々々、身体を上へと持ち上げていく。時々立ち止まって腰に手を当て、ふーっと息をつきながら周囲を見回す。朝日に照らされた山々が、サ

ファイアのような空を背景に鮮烈なコントラストを映し出している。東に見えるリンシェの村は、まるで峻険《しゅんけん》な山々のゆりかごで眠る赤子のようだ。

登って登って、登り続けて二時間後、ようやくハヌマ・ラを制覇。感覚的にはセンゲ・ラよりもきつかった。ブンブー一、二、三号は、峠に着くなり地面にへたり込んでしまった。お疲れさま。

下りはそれほど急斜面でもなく、うって変わって楽だった。水が表面に現れていない、細い沢に沿って下っていく。沢はやがて小さな流れとなり、中くらいの流れとなり、やがて立派な川となった。一本の川の成長を見守っているような気分になる。途中、川が岩を穿って洞窟のようになっている場所があったが、そのひさしのような部分を触ると、ひやりと冷たい。「雪だ」とドルジェが言った。冬の間に積もりに積もった雪がいまだに融け残っていて、それが岩の洞窟のように見えていたのだった。

昼食にゆでたジャガイモと玉子、リンゴを食べ、先へと進む。高低差数百メートルはある垂直の断崖の縁をおっかなびっくり通り抜け、身体中が真っ白になるほど埃っぽい道を下って、今夜泊まるパルフィ・ラのベースキャンプに着く。近くを流れている緑白色のきれいな川の水で、埃まみれの顔と頭を洗う。ドルジェは愛するロバたちのための飼葉を集めに行った。

ベースキャンプにいた別のグループのイタリア人の男が、僕が中に座ってノートを書いていたテントを見て、びっくりしたように言った。

「……これが君たちのテント?!」

「そうだよ」

「だって……これ、寒くない？　眠れるの？」

「大丈夫。風通しがよくて、快適だよ」

　農夫とロバたちと旅をするのも悪くない。


　三千九百メートルの峠、パルフィ・ラは、昨日越えたハヌマ・ラに比べればはるかに楽だった。高低差だけでなく、トレイルもそれほど危なくないし、何よりベースキャンプのあたりから峠の一番上まで見通せていたから、歩いていればいつかは終わるという安心感のようなものがあった。疲れの溜まった足は重かったが、一時間半ほどで、いくつものタルチョがはためく峠に着くことができた。

「キキソソラギャロー！　これが最後の峠だ！」

　ドルジェはそう叫んで、安堵の色を顔に浮かべながら、僕に手を差し出した。いくら旅慣れた地元の人間でも、ザンスカールへの旅は簡単ではないのだ。僕は彼の手をぎゅっと握りかえした。ブンブー一、二、三号に手があるなら、一頭々々握手して回りたいくらいだった。

　峠の上から東の方を臨むと、巨大な手でねじ切られ、引きちぎられたかのような山塊の中をうねって流れるザンスカール川が見えた。冬になると、この険しい山々は深い雪に閉ざされ、川はその上を人が歩けるほどに凍りつく。僕はその氷の川を辿って、再びこの場所に戻ってくることになる。

　峠を下ってしまえば、その後はパドゥムまで、川沿いに開けた平地を歩き続ける道程になる。

道は歩きやすい草地混じりのところもあれば、石ころだらけのうっとうしいところもあり、たまに崖っぷちもあったりで、まだ気を抜けない。昼過ぎに到着した小さな村の茶店で軽く昼食を食べ、さらに二時間ほど進む。ブンブーたちもだいぶお疲れのようで、二号はまだ時折、文字通り道草を食う余裕があるものの、一号はそれに追いつく気ゼロ。三号はいつにも増しておならばかり。

やがて、川岸をほんの少し離れたところで、目の前に大きな村が現れた。ピドモだ。家々が固まっている集落の部分と、畑や放牧地の部分がはっきりと分かれている。すでに収穫を終えた畑では、たくさんのゾや牛や羊たちがのんびりと生え残った草を食べている。集落に入っていくと、ドルジェは二、三人の村人に声をかけ、一軒の家の二階にある使われていない部屋に泊めてもらえるように話をつけてくれた。

部屋に荷物を運び、チャイを飲んで一服した後、カメラを持って外に出る。村人たちは、クユと呼ばれる脱穀作業に精を出しているところだった。半径五、六メートルほどの丸い舞台に収穫した麦を敷きつめ、中心にある棒に横一列に繋いだ六、七頭のヤクやゾにその上をグルグル歩いて回らせる。すると、その足元で麦が踏みしだかれて脱穀されるというわけだ。踏まれた麦は、リンシェでも見たオンセという作業で殻を風に晒してより分ける。サクティや今まで訪れた村では見ることができなかったこの伝統的な脱穀作業を、ようやく僕は目にすることができた。

村は、秋の実りを貯えるための仕上げ作業の真っ最中だった。あちこちで行われているクユやオンセはもちろんのこと、母親を手伝って麦粒をふるいにかけながらニッコリと微笑む女の子や、牧草の束を屋根の上へと運び上げている男たちや……。誰もが笑い、ちょっと恥ずかしそうに、時にはおどけて、無邪気なまなざしをカメラに向ける。そこには何の疑いも計算もなく、穏やかな風のような優しさだけがあった。

僕は、ザンスカールに辿り着いたのだ。

最果ての寺

朝、台所へと通じる扉を開けると、娘さんが昔ながらのかまどでチャパティを焼いていた。香ばしい匂い。「ジュレー！」とふりかえって笑ったところを写真に撮らせてもらった。

朝食は、このチャパティが数枚と、自家製のヨーグルト、チャイ。これ以上ないくらい簡素な食事だが、食べていると、身体の内側から清々しくなってくるような気がする。

ピドモを発った後、カルシャという村でトレッキングを終え、ドルジェや愛すべきロバたちと別れた僕は、ローカルバスに乗ってストンデという村に一人でやってきていた。三十軒ほどの集落と広々とした畑を持つこの村には、もちろんゲストハウスなどはない。僕はバスで隣の席だった初老の老人の家に招かれ、二、三日ほど滞在させてもらっていた。

ぎいーっ、と部屋の扉が軋む音がして、戸口の下の方の隙間から、オレンジ色のとんがり帽子をかぶった小さな顔がのぞいた。この家に住む、二歳くらいの男の子だ。男の子は扉の影に隠れては、パッとこっちに顔を見せて、「ウキャー！」とうれしそうに笑う。昨日の夜から、彼はこのエンドレスいないいないばぁごっこが大のお気に入りだ。僕も時々変化をつけて、扉の後ろに隠れて、ワッ！と驚かせてやる。男の子は台所の床にひっくり返って、「キャー！　アハハー！」と大はしゃぎする。

男の子が笑い疲れておねむになった頃を見計らって、僕はカメラバッグを担いで外に出て、村の背後にある高さ数百メートルの岩山に向かった。岩山の上には、ザンスカールで二番目に大きい僧院、ストンデ・ゴンパがある。道はかなり急で、登っているとぜいぜい息が切れてくる。ふりかえると、収穫を終えたばかりのストンデの村の畑が、まるで壮麗なモザイク画のような姿を見せていた。収穫前はきっと一面黄金色で、もっと美しかったに違いない。

何度も立ち止まって息をつきながら、ようやくゴンパに到着。水汲み場にいた少年僧に案内されて中に入っていくと、境内に十数人の僧侶たちが集まって座っていた。勤行《ごんぎょう》をたった今終えたばかりのようで、みんなバター茶をすすりながら、日陰でのんびりとくつろいでいる。

「どこから？　……日本？　それは遠い。よく来なすったねえ。大変だったろう？　ここまで登るのは……」

「もう、トンポ、トンポ、マートンポ！（高い、高い、ものすごく高い！）」

そう僕が言うと、僧侶たちはどっと笑いながら、バター茶をすすめてくれる。写真を撮らせてもらってもいいかと訊くと、彼らはおもむろにサングラスをかけ直して、照れくさそうにこっちに視線を向けてくれるのだった。

ストンデに滞在していて改めて思うのは、ザンスカールの真の魅力は、村と村人たちの暮らしの中にあるのではないかということだった。二、三十年ほど前、まだ外国人の入域が許されていなかった頃のラダックの原風景が、ザンスカールの村々にはまだ残っている。ここに来る前、ラダックは時間がゆっくりと流れている場所だと感じていたが、ザンスカールはさらにゆっくりで、まるですべてが静止して、眠り込んでしまっているような印象さえ受ける。なまじ自然の力が強

Guess

大な場所だから、余計に人間の営みがささやかに感じられるのかもしれない。

岩山を下りて、カメラを首にぶら下げて村の中を散歩する。すると、たちまち後ろに子供たちの行列ができてしまう。撮影大会開始。地面を転がして遊んでいた自転車のリムを構えたり、変な敬礼をしたり、石ころを宙に放り上げたり、牛の角を両手でつかんでこっちを向かせたり……。撮り終わるたび、カメラの液晶モニタを食い入るようにのぞき込む子供たち。写真？　もちろん送ってあげるよ！

収穫を終えた畑で、一組の夫婦が、来年に備えてゾに鋤を引かせていた。口笛が、歌が、畑に響き渡る。あたたかく、懐かしく、どこかさびしい。


ザンスカールに来たら、どうしても行っておきたい場所があった。それはプクタル・ゴンパだ。ラダックやザンスカールに現存する中でもっとも神秘的と言われているこのゴンパは、ザンスカールの中心地パドゥムの南東、さらに隔絶された山の中にある。ツァラプ川の岸辺を辿るそこまでの道程は、途中のレルーという村までしか車が入れない。車と徒歩で片道二日、現地での滞在を含めると往復五日はかかってしまう。だが、いろいろ調べてみると、重いバックパックは人間のポーター（運び屋）に任せて、一日八、九時間くらい歩き通せば、片道一日、往復三日で行けなくもないことがわかった。プクタルの近くでは村に泊まれるから、テントや炊事道具も必要ない。ポーターへの支払いは日当で計算するから、お金の節約にもなる。

よし、ラマユルからここまではるばる歩いてきたんだ、今さら一日八時間なんて余裕で歩けるはず……。そう思った僕は、行きと帰りのパドゥムとレルーの間のジープを予約し、三日間だけの約束でポーターを一人雇って、最果ての寺プクタルを目指すことにした。

実際にレルーから歩きはじめてみると、川沿いの道は、細かいアップダウンは常にあるものの、大きな峠越えもないし、意外と楽かな……と思えた。ところが、中間地点を過ぎたあたりで、急に足が重くなる。たぶん、前日の夜から風邪気味で、朝食に茶店で食べたメギ以外何も口にしておらず、ポーターと同じハイペースでろくに休みもせずに歩き続けたことが影響したのだろう。ラマユルからの旅でも感じたことのなかった疲労感。足を一歩踏み出すたびに、太腿がキリキリ軋るように痛む。そしてそういう時に限って、川岸を離れて目もくらむような高巻を登らなければならなかったりするのだ。せっかくのすばらしい景色もろくに目に入らないまま、僕は歯を食いしばって、ひたすら足を前に運び続けた。

昼をだいぶ過ぎた頃、小さな村でようやく一軒の茶店が開いているのを見つけた。崩れるように椅子にへたり込み、チャイをすする。身体の感覚が少し戻ってくる。店の壁にはペンキでいろんなメニューの名前が書いてあったが、シーズンも終わりかけたこの時期、食べられるのはメギしかない。朝もメギ、昼もメギ……この上、夜もメギしかなかったらと考えると、それだけでうんざりしてきた。

やがて、ツァラプ川とカルギャク川の合流地点にさしかかると、それまで濁っていた川の色が、流れの真ん中からくっきりと二色に分かれているのに出会った。ここから上流のツァラプ川は、信じられないほど鮮やかな翡翠色に姿を変えている。この日は合流地点近くのこんもりした丘の

上にある小さな村、プルネに泊まることになった。

プルネにはキャンプサイトのほかに、一軒のゲストハウスがある。僕の雇ったポーターはこのゲストハウスの一家の知り合いだった。古い屋敷の広々とした台所に通されて、チャンとツァンパをごちそうになる。あまりに疲れ切っているからか、ちょっと飲んだだけで頭がくらくらする。

「晩ごはんはどうするかね？」と宿のおかみさんが言うので、おそるおそる、

「もしかして、メギ……ですか？」と訊くと、おかみさんはケラケラ笑いながら言った。

「んなわけないじゃないか！　あんた、よっぽどメギが苦手らしいねえ」

宿の一家はその日の夜、僕と数人の泊まり客のために、とっておきのビールの栓を開け、ジャガイモを具にしたおいしいモクモクを作ってくれた。熱々のモクモクを頬張りながら飲むビールの味は格別だった。明かりもない部屋に戻ると、倒れるようにして眠った。


翌日、僕はバックパックをプルネの宿に預け、日帰りでプクタルに向けて出発した。翡翠色の川に沿って遡ること一時間半、やがて前方に一本の小さな吊り橋が見えてきた。橋を渡って左岸に移り、ちょっと高台に出る。突然、視界が開けた。

それは、奇妙な光景だった。目が痛くなるほど晴れた空にそそり立つ、赤褐色と緑青色の切り立った断崖。その真ん中に、直径十数メートルはある巨大な穴が開いている。その穴の口から、何か白いものがこぼれ出している。よく見るとそれは、洞窟の周囲の崖にへばりつくようにして建てられた僧房群だった。断崖の上、洞窟の真上のあたりには、一本の大きなシュクパがぽつん

と立っているのが見える。これが、プクタル・ゴンパ……。僕はしばらくの間、ぽかんと口を開けて立ち尽くしていた。

奇妙な印象は、ゴンパに近づくにつれさらに増した。どの僧房も、どうしてわざわざそんなところにと訝りたくなるほど、急傾斜の岩肌に建てられている。基部は丹念に石を積んで組み上げられているが、これで五百年以上もの間持ちこたえてきたとは、にわかには信じられない。

巨大な洞窟の中には、日々の勤行に使われるいくつかの重要なお堂が集中している。ザンスカール独特のオレンジ色のとんがり帽子をかぶった僧侶たちは、ちょうど朝の勤行を終えたところで、お堂の鍵を一つひとつ開けて、中を拝観させてくれた。お堂の中には、十六世紀頃に描かれたという見事な壁画が残っていた。その優美で繊細なタッチに、思わずほれぼれと見入ってしまう。

洞窟の中には、崖の上のシュクパのちょうど真下に、このゴンパの創建者の名が付けられたチョルテンが建てられていた。聖なる水がしみ出していると言われる井戸もあったが、この日は残念ながら水が出ていなかった。あっけにとられてキョロキョロしながらゴンパの中を歩いていると、突然、背後から一頭の白い馬が現れ、僕のすぐそばを通り過ぎていった。馬？　こんな崖の上に？何から何まで現実離れしている。

しばらくすると、僧侶の一人が僕を小さな台所に招いて、昼食にジャガイモのサブジーをふるまってくれた。礼を言いつつさじを口に運びながら、こんな不思議な場所で毎日修行を積んでいたら、いったいどんな境地に達するのだろうか、どんなものが見えてくるのだろうか、と思った。

プクタルからプルネの宿に戻ると、夜はおかみさんたちがカブとジャガイモを煮込んだサブジーを作ってくれた。宿代と食事代を払おうとすると、「食事代はあんたの好きな額でいいよ。たいしたもの作ってないし」と言って聞かない。ビールまでごちそうになって申し訳ないので、少し多めに支払った。

「明日はまた歩いてパドゥムまで戻るんだな。また途中はメギ、メギばっかりだぞ」と言って、宿の主人は大笑いする。僕がメギに飽き飽きしているのがよっぽどおもしろいらしい。

「あんた、また来年もプクタルに来な！　来るんだろ？」とおかみさん。いや、ここまではそうそうとても……と言いかけて、そうとも言い切れない気持でいる自分に気づいた。この最果ての地は、それほど心惹かれる場所だったのだ。

花の民

　ザンスカールからラダックに戻ってきてみると、秋は思いがけないほど深まっていた。柳やポプラの葉は日射しに透き通るような黄色に変わり、少しずつ散りはじめていた。観光客はいつの間にか、ほとんど姿を消していた。夏の間にぎわっていた土産物屋は一つ、また一つとシャッターを下ろし、ガーデンレストランはパラソルをたたんで椅子を隅に積み上げ、ゲストハウスは部屋の窓の内側から新聞紙を貼りはじめた。そして日を追うごとに、風が肌に冷たく感じられるようになってきた。

　僕は、ルンドゥプ・ドルジェとの約束を思い出した。ダーに行かなくては。もうすぐ、ボノナー（大収穫祭）が始まる。

　ダー・ハヌー地方は、ラダックの北西部、インドとパキスタンの停戦ラインのすぐ手前に位置する。この土地で暮らしているのは、ドクパという少数民族だ。彼らは頭に色とりどりの花やショクロ（ホオズキ）を飾る風習を持っていて、「花の民」と呼ばれている。顔立ちは彫りが深くエキゾチックで、ラダック人とはかなり違う。言葉も、ラダック語とは異なるドクパ語（ドクスカット）という言語を話すのだ。

　標高が三千メートルを切っているダー・ハヌーでは、さまざまな種類の野菜や、リンゴやアンズなどの果物が豊富に穫れる。収穫は年に二度行われ、それを祝う収穫祭も七月と十月に催される。特に、十月に行われるボノナーは、ダー、ガルクン、ガノクスの三つの村が毎年持ち回りで行っている大収穫祭なのだが、この時、ガルクンは外国人の入域が許されておらず、ガノクスは停戦ラインを挟んでパキスタン側にあった。幸運にも、今年はちょうどダーでボノナーが行われる年だった。

祭りの日取りが決まったとの知らせを受けると、僕は再びダー行のバスに乗った。今度は用心深く、座席の脇に置いたバックパックを片手で抱えながら。

五日間にわたって行われるボノナーは、毎日、日が暮れかけた頃に始まる。

祭りの初日、村の上手の小高い場所から、楽師たちが奏でる笛や太鼓の音色が聞こえてきた。行ってみると、日干しレンガで作った香炉でサン（シュクパの葉）が焚かれている。煙とともに立ち上る、独特の爽やかな匂い。香炉の前では、盛装をした十数人のドクパの男たちが並んで歌を歌っている。着ている服こそラダック人と同じゴンチェというコートだが、頭には、楕円の円筒形をしたフェルトの帽子をかぶっている。帽子の側面には、銀色のコインやきれいに並べられた縫い針、カラフルな毛糸などが縫いつけられている。そして、花だ。色とりどりの季節の花やショクロが、まるで豪華な花かごのように頭頂部を飾っている。薄闇の中で、それらの花々だけがぼんやりと光を放っているように見える。

やがて、燃えさしのサンを手にした男たちは、香炉の周りをぐるぐる回った後、煙をたなびか

せながら山肌に沿って村の集落の方へと下りはじめた。行手には、大の男が両手を回しても抱えきれないほど太い幹を持つ二本の神木が立つ、小さな広場がある。その広場では、周辺の村々から集まってきた数十人のドクパの女たちが、男たちの到着を待ち受けていた。

花の民の女たちの盛装は、男たちよりもさらにあでやかだ。頭に載せているフェルトの筒には、大きな銀色のかんざし、コイン、針、リボン、毛糸などがちりばめられている。その頭上には、もう、花、花、花。ぽってりとした丸い赤紫色の花、ひなぎくのように可憐な黄色い花、すずらんに似た小さく清楚な白い花。その根元は鮮やかなオレンジ色のショクロが取り巻き、右耳の上にも花が挿されている。きらめくイヤリングと、幾重にも巻かれたネックレス。素朴な風合いの生成の服の胸元には、銀やトルコ石、ビーズで彩られた豪奢な胸飾り。背中には裏皮の毛皮のマントを羽織っている。

男たちも女たちも、こんなにおめかししているのに、日はどんどん暮れて、あたりはすっかり真っ暗。広場には、神木の枝にくくりつけられた裸電球の明かりしかない。花の民のもっとも華やかな祭りは、暗闇の中で行われるのだ。

神木の根元ではサンが焚かれ、漂う煙の中、女たちが歌い、男たちが歌い、また女たちが歌う。ラダック語ではないその歌は、僕には理解することはできないけれど、素朴で穏やかで、どことなく物悲しい響きがある。遠い昔に、誰かが耳元で歌って聴かせてくれたことがあるのではないか。そんな気さえしてくる。

ひとしきり歌い終わると、女たちは列を作って踊りはじめた。右手を上げ、手首をちょっとかしげて、小刻みなステップでしずしずと前に進み、時折その場でクルリと回る。歌の節の終わりに来ると、女たちはいっせいにちょこんと膝を曲げながら、「ツァツァツァーツァ！」と声を合わせて叫ぶ。その仕草や声が何とも言えずかわいらしい。やがて、踊りの列が少しずつ長くなり、列と列とがすれ違うようになると、女たちは「キャハーッ！」と嬌声を上げながら、おしくらまんじゅうをして笑いさざめく。踊り疲れると歌い、歌い疲れると踊る。暗闇の中で、祭りは夜更けまで続く。

ボノナーの期間中、ルンドゥプは大忙しだった。ゲストハウスで僕たち泊まり客のために朝昼晩の食事を作るだけでなく、祭りの会場の隣の空き地に臨時に開設された食堂の世話もしなければならないのだ。この日のために、わざわざカルギルまで上等の羊肉を買い出しに行ったほどだという。

ひさしぶりに再会した時、彼は何か僕に問いたげな顔をしていたので、「盗まれた荷物のこと？大丈夫、全部保険金が下りることになったから！」と言ってポンと肩を叩いてやると、彼はようやくほっとした表情を浮かべていた。

観光シーズンもすでに終わったこの時期、ダーにはボノナーを撮影しに来た数人のテレビクルー以外、ほとんど外国人はいない。ところがスキャバパ・ゲストハウスには、僕のほかにシンジさんとシンスケ君という日本人が二人も滞在していた。日本の旅人というのは、こういう辺境の地の祭りがある時に妙に嗅覚が働くものらしい。

シンジさんもシンスケ君も、中国からチベット、ネパールを経てインドに抜けてきた強者だ。三人で一つの大きな部屋に寝泊まりしていた僕たちは、同じ穴のムジナだからか、妙に気が合った。僕たちは気持のいい木陰のある宿の庭のテーブルで、ルンドゥプが作ってくれた食事を朝も昼も夜もガツガツ食いまくった。

「……それにしても、よく食べますよね、僕ら」と僕。

「もともとよく食べる方だけど、この三人が揃うと、さらに食ってるような気がしますよ」とシンスケ君。

「僕はケチャップさえあれば、いっくらでも食べますよ」とシンジさん。

祭りのない昼間のうちは暇なので、僕たちはよく近くの村まで散歩に出かけた。インダス川の流れは、以前プクタル・ゴンパの近くで見たツァラプ川のような翡翠色に姿を変えていて、眩しいポプラの黄葉をさらに映えさせていた。畑の収穫はほとんど終わっていて、家々の屋根の上には、冬に備えて干されたトマトがきれいに並べられていた。村の小さな学校を訪ねると、子供たちは授業そっちのけで、きらきらした瞳を僕たちに向けた。シンジさんは、レーの文具屋で買ってきたという鉛筆の箱を開けて、子供たちに一本々々配って回った。

祭りの最終日、集まってきた人の数はさらに増えた。盛装した花の民の村人たちだけで、男は二十人、女は四、五十人はいただろうか。広場の周囲は、踊りに参加していない老人や若者、子供たちが取り巻いている。祭りはいつになく熱を帯びた。

「みんなが歌ってるのは、どういう意味の歌なの？」と、僕は茶店で休憩している時にルンドゥプに訊いてみた。

「よくわからないんだ。難しくて……。確か、湖があって、土が落ちて、種が落ちて、木が育って、その木の上で三羽の鳥が育って……という歌みたいなんだけど」

このダー・ハヌー地方には、遠い昔、今はパキスタン領のギルギットという村のあたりから移住してきた、ガロ、メロ、ドゥロという三兄弟が祖先であるという言い伝えが残っている。「樹上に育つ三羽の鳥」という歌も、この三兄弟のことをなぞらえて歌ったものなのかもしれない。

「僕たちは、たくさんの歌を持っている。ボノナーの歌、結婚の歌、子供の誕生を祝う歌……それこそ何千曲もあるんだ。そういう歌は全部、ブロンゴパという役割の人が代々受け継いで伝えている。でも今、そのブロンゴパの後を継ぐ人がいないんだ……」

ルンドゥプは仕事の手を止めて、真剣な顔で話を続けた。

「広場で、カセットレコーダーで歌を録音している男がいただろう？」

「うん、いたね」

「あれは、歌を録音して、それを聴いてアルファベットで歌詞の発音を記録しようとしているんだ。僕らの言葉には文字がないから。いつかブロンゴパの後継者が現れたら、その歌詞を使えるように……」

小さなラダックの中でもさらに少数民族の彼らにとって、外界から押し寄せる変化の波に抗って、自分たちの文化を守り続けていくことは、並大抵の苦労ではないのだ。

広場に戻ると、ボノナーはクライマックスの儀式にさしかかっていた。白い外套を頭からかぶった神官が現れ、神木の下で焚いていたサンを手に掲げた。ふと気づくと、盛装していた花の民たちはみな、頭上の花飾りを外してしまっている。祖先であるガロの死を悼んで外しているのだそうだ。

やがて、人々は神官を先頭に長い列を作り、広場を出て、暗闇の中へと消えていく。いったいどこへ……？　後を追いかけようとすると、突然、「ワァーッ！」「キャアーッ！」と叫び声が響きわたり、人々がいっせいに広場に駆け戻ってきた。

「え?!　ど、どうしたの？」

「神官が、祭りの期間中に呼び寄せていたラー（神）を解き放ったから、みんな逃げてきたんだよ」とルンドゥプ。

思いがけない騒ぎが収まると、人々は再び頭に花飾りを頂き、列を作って、歌い、踊りはじめた。隣村からやってきた楽師たちが、ここぞとばかりに張り切って、ピーヒャラ、ドドドン、と笛や太鼓をにぎやかに奏でる。暗がりの中、人々の顔から笑みがこぼれる。その足元を子供たちが追っかけっこをして走り回る。「ツァツァツァーツァ！　キャハーッ！」。花の色。花の匂い。まるで、広場全体が花畑になったかのようだ。

楽しそうだった。うれしそうだった。本当に、心の底から。これは、花の民である彼らのためだけの祭りなのだから。

冬の灯火

　その日の夜の停電は、いつもよりも長引いた。デチェン・ラモと僕は、ノルブリンカ・ゲストハウスの仏間で、ろうそくのぼんやりとした明かりを眺めながら、とりとめのない話を続けていた。

「タカ、あんたはトーキョーで一人で暮らしてるんだろ?」とデチェンが言った。

「うん、そうだよ」

「ずっと一人でかい?」

「そう、もう十年以上……」

「寂しいと思ったことはないのかい?」

「慣れちゃったよ。一人は気楽だし」

「そうかい」と彼女は言った。「あたしゃ時々、ものすごく寂しくなるんだよ」

　デチェンは、幼い時に母親を亡くしている。父親は畑で育てた野菜をインド軍に売る商売をしながら、たった一人で八人の子供たちを育て上げ、学校に通わせた。そのおかげで、彼女は役場の仕事に就くことができた。少々つらいことがあっても、自分たちを育ててくれた父親の苦労した姿を思い出せば、大丈夫、どんなことだって我慢できる。彼女はよく僕にそう言っていた。

　デチェンは僕の前ではいつもはちきれんばかりに陽気だったし、離れた場所で暮らしている夫や息子たちとは、毎晩のように電話でにぎやかなやりとりが交わされていた。家族がいない時は親戚の若い子たちが入れ替わり立ち替わり泊まりに来ていたし、近所に住む人々もしょっちゅう彼女と茶飲み話をしにやってきていた。そんなタフな彼女と、彼女を支える周囲の人々との絆を僕はいつも目にしていたから、彼女の弱音は、理屈ではわかっていてもちょっと意外にさえ感じた。

「いつもは平気なんだよ」と、デチェンは言葉を続けた。「でも時々、ここで一人ぼっちになると、とてもいやーな気分になってしまうのさ。そんな時は、仏教のご本を読んで心を静めようとするんだけどねえ……」

このノルブリンカ・ゲストハウスは、十八年前、末息子のツェリンが生まれた年に建てられた。最初は二階のない平屋建てだったという。故郷のティクセから移り住んできた彼らは、共働きで少しずつお金を貯めながら、二階の客室やバスルームを増築し、自分たちのゲストハウスを作り上げていった。どんなに忙しくても、家族五人はいつも一緒だった。でも今、この家に住んでいるのはデチェン一人しかいない。

固い絆で結ばれた大切な人がいるからこそ、その人に会えないことはつらい。

「タカ、なんかいい方法はないかねえ？　一人でも、いやーな気分にならずにすむ方法……」

凍てつく冬が近づいていた。

レーの街では、雪こそまだ積もっていないものの、周囲の山々はすっかり白銀に覆われていた。

LEH VIE
RESTAURAN
UP STAIR

放牧地に張った氷の上では、厚着をした子供たちが小さなソリで滑って遊んでいた。その中の一人が「ジュレー！」と僕に声をかけてきた。よく見ると、毎朝牛乳を配達に来てくれるミルクボーイだ。半年かかって、やっと僕にも打ち解けてくれたらしい。

木々はすっかり葉を落とし、薄く刷いた雲が流れる空に白い骨のような梢を晒していた。夏の間はあれほど激しかった日射しも今はごく淡く射し込むだけで、老人たちは日だまりに椅子を持ち出し、身体をくるっと丸めてうずくまる野良犬たちとともにうとうとしていた。風は頬を切り裂くのではないかと思えるほど冷たく、人々は分厚い生地で仕立てたゴンチェを身にまとい、その上に着古したダウンジャケットを羽織るようになった。「タカ、外を歩く時は必ずニットキャップをかぶるんだよ！　でないと、寒さですぐに頭が痛くなるからね！」とデチェンはよく僕に言っていた。

メインバザールでは大半の店がシャッターを下ろして鍵をかけ、通りは車も人もまばらでひっそりとしていた。外部に繋がる街道の峠が雪で塞がった今、インド本土からの物資はほとんど入ってこない。特に野菜や果物が不足していた。目抜き通りの道端では、十人ほどのおばちゃんたちが、土に埋めて保存していたわずかばかりの根菜を売っているだけだった。かろうじて営業している食堂のメニューも、モクモクとテントゥクくらいしかなくなってしまった。

日が沈むと、空気はさらにキリキリと冷え込んできた。凍結による破裂を防ぐため、ノルブリンカ・ゲストハウスでは屋上の貯水タンクと屋内の配管から水をすべて抜き、トイレは外のボットン式で、風呂はバケツにもらったお湯でブルブル震えながら身体を洗うことになった。台所には薪や家畜の糞をくべる小さなストーブと煙突が据えつけられた。ストーブのそばを離れて自分の部屋に戻ったら、すぐに寝袋にくるまらないと寒くて眠れないほどだった。

何もかもが厳しく、不便になっていくのに、僕は不思議な安らぎのようなものを感じていた。何となく、冬の方がしっくりくる。カメラのファインダーをのぞいていても、冬の光に照らされた街や村や人々の表情は、とても自然でのびやかに見えるのだ。冬こそが、ラダックの本来の姿なのかもしれない。

「もう六時かい？　さて、そろそろ準備しようかね」と言って、デチェンは腰を上げた。

台所の隅には、たくさんの小さな素焼きの器がお盆の上に並べられていた。器には油が注がれていて、真ん中には小さな芯が浸してある。

「これは、チュンメというんだよ。お金持の家では金属の器を使うんだけど、あたしたちはこれだね」

そう言いながらデチェンは、手にした線香でチュンメの芯の一つひとつに火を点けはじめた。暗い台所に、柔らかな光の染みが広がっていく。

今夜はガルダン・ナムチョ。チベット仏教のゲルク派という宗派の開祖ツォンカパの命日を記念する祭りだ。この日、ラダックの人々はこうしたチュンメに火を点し、家の軒先などに並べる風習がある。ささやかな灯火に、静かな祈りを託すのだ。

「……できた！」とデチェンは満面の笑みを浮かべると、お盆を持ち上げ、そろそろと台所を出

て行った。サンルームの軒先の小さな段差に、チュンメを一つずつ等間隔に並べていく。灯火は冷たい風に時折揺れながら、しかし消えることなく、光を放ち続ける。じっと見つめていると、スーッと心が吸い込まれてしまいそうだ。

「タカ！　今すぐ屋上に上ってごらん！」

言われるままに狭い階段を伝って屋上に出た僕は、しばらくの間、呆然と立ち尽くした。レー王宮がそびえる岩山、ナムギャル・ツェモの参道に、ものすごい数のかがり火が焚かれている。遠くに見えるシャンティ・ストゥーパのある岩山も、一面かがり火に覆われている。それだけではない。周囲にある家々の屋根や軒先……至るところでチュンメの灯火が揺れているのだ。シュッ……パン！　パン！　と子供たちがねずみ花火を破裂させて遊ぶ音が響く中、真冬に現れた蛍の大群のように、無数の光の粒が闇の中で瞬いていた。

この灯明祭が終わると、もうすぐロサル（正月）がやってくる。

新しい年

冬の間、デチェンは役所の仕事をしばらく休んで、デリーにいる夫のツェタンのところに行くことになった。ノルブリンカ・ゲストハウスにいられなくなった僕が代わりの滞在先を探していると、サクティのツェリン・ナムギャルの息子のタシ・ギャルツェンが、「僕の家に来ればいいじゃないか」と誘ってくれた。僕はその申し出をありがたく受け入れて、冬の数カ月間、彼の家で厄介になることになった。

タシの家は、レーの西の街外れ、シャンティ・ストゥーパが建つ岩山のふもとにある。まだ建てて間もない水色の平屋のその家は、新し物好きな彼らしく、モダンでこざっぱりした洋風の内装が施されていた。日射しがいっぱいに射し込む居心地のいい居間にはカーペットが敷きつめられ、大小たくさんの家族の写真が並んだ作りつけの本棚と、衛星放送が見られるテレビ、ケロシンで焚く大きなストーブがあった。

居間にはほとんどいつも、タシ・ラブギャスがいた。ツェリンの兄である彼はタシの実の父親で、ラダックでは知らぬ者はいないほど高名な歴史学者でもある。八十に手が届こうかというラブギャス爺は耳がかなり遠くなっていて、補聴器をつけていない時はよくヘッドフォンをつけて大音量でラジオを聴いている。でもその頭脳はいまだに驚くほど明晰で、時折思い出したように僕を捕まえては、おもしろい昔話を聞かせてくれるのだった。

「一九五〇年代の終わり頃、わしはチベットに行ったことがある」と彼は流暢な英語で話す。「当時はチベットが混乱している時期だったし、わしはチベット人のふりをしようと思って、彼らがよく着ている服を手に入れ、それを身に着けた。よし、これで大丈夫、と思ったら、チベット人たちにはすぐ『お前、チベット人じゃないな？　どこから来た？』と見破られてしまった」

「……どうしてですか？」

「『お前の着こなしはこぎれいすぎる』だとさ」

そう言ってラブギャス爺は、歯が残り少なくなった口を開け、僕の肩を揺すって愉快そうに笑うのだった。

共働きのタシとスカルマの留守中、家事や子供たちの世話をするのはドルマ・ツェリンの役割だった。彼女はタシの知り合いの娘で、まつげの長いぱっちりした目をしたなかなかの美人。「こらーっ！　あんたたちー！」と声を張り上げて子供たちを追っかけ回しながら、床を丁寧に掃除したり、ポリタンクいっぱいの水やガスボンベをえっちらおっちら運んだり、台所のストーブにくべる薪を集めてきたりしている。

冬になると水力発電所の出力が落ちてしまうので、レーでは夕方の五時から十一時頃までしか電気が供給されない。二カ月半の冬休みをもらった二人の子供たち、姉のイグジン・アンモと弟のスタンジン・ナムギャルは、退屈な昼の間、押入れからおもちゃを引っ張り出してぶつぶつ言いながら遊んだり、居間の床にぺたんと座って、僕を相手に小さなゴムボールでキャッチボールをしたりする。二人とも色白でほっそりしていて、一瞬日本の子供かと思うほどの典型的な街っ子だ。そういえば最近のラダック人は、子供をかわいいと表現する時、「この子、日本人みたいでしょ」と言ったりする。

五時になると、イグジンとスタンジンは「電気が来た！」と叫ぶやテレビのスイッチを入れ、「トムとジェリー」や日本のアニメのヒンディー語吹き替え版を流しているキッズチャンネルに釘づけになる。だいたいその頃、母親のスカルマが勤め先のサクティから戻ってくる。ラダック人らしくなく背が高くて色白な彼女は、いつもはチャキチャキと快活だが、さすがに片道二時間もかけてバスで通勤するのは疲れるらしく、時々頭痛薬を飲んでこめかみを押さえている。彼女とドルマが夕食の支度をしている間も、子供たちはテレビの前でぽかんと口を開け、パワーレンジャーたちの戦いぶりに見入っている。

「これ、オペレーション・オーバードライブ？」

「ちがうよ、ミスティック・フォースだよ」

僕の目には、どれも同じ五色の戦隊ヒーローにしか見えないのだが。

夜の九時半頃、タシがノートパソコンの入ったバッグを抱えて戻ってくる。禿げ上がった頭、鋭い眼光を放つインテリの彼は、普段はあまり喜怒哀楽を顔に出さない。でも彼が戻ってくると、イグジンとスタンジンはいつも、座っている彼の肩口やひざにまとわりつく。姉弟ゲンカをしたりすると厳しく叱られることはあるが、二人にとってはこれ以上ないほど優しい父親なのだろう。

「来年になったら、この家に二階を増築しようと思ってるんだ」と、遅い夕食を口に運びながらタシが僕に言った。

「子供たちの部屋ですか？」

「いや、お客さんが泊まれる部屋をね。夏の間、二階をゲストハウスにしてみようと思うんだ」

それを聞いた僕は、かすかに胸の奥が痛くなった。


ラダックでは、チベットと同じように正月のことをロサルと呼ぶ。日取りはチベット暦に合わせて行われるが、ラダックのロサルはちょっと変わっていて、チベットのロサルよりも約二カ月前倒しになる。これは、昔ラダックが独立した王国だった頃、ある王様が年末に隣国に戦争を仕掛ける前にロサルのお祝いを終わらせてしまおうと、ロサルを二カ月早めるように命じた故事に由来しているという。


そのロサル前々日の夕方、僕はタシの一家とともに、彼らの車でサクティに向かった。道中はすっかり冬枯れの景色で、インダス川の岸辺にはところどころ白い氷が張りつめていた。

「おう、おう、タシ、子供たち……ミスター・タケも！」

夏の収穫を手伝った時以来、ひさしぶりに会ったツェリンは、かわいい二人の孫たちを見て、いつもは寡黙な顔をゆるゆるにほころばせながら、みなを台所に招き入れた。部屋のストーブには何本かの薪がくべられていて、暖かかった。

「元気そうですね、ツェリン。膝の具合はどうですか？」

「ああ、だいぶいい」と、彼はズボンをたくし上げて膝に巻いたサポーターを見せた。

「膝を冷やさないようにするのが大事なんだ。……タカ、飲むか？」と言って、タシがグラスに琥珀色の酒を注いでくれた。すすってみると、ブランデーのようだ。寒い冬の間、ラダックの男たちは身体を暖めるためによくこうした強い酒を飲む。

ロサルの十日前から数えて九日目のこの日の夜、ラダックの人々はグゥ・トゥク（九日目のトゥクパ）と呼ばれるトゥクパを食べる。夕食の時に運ばれてきたトゥクパの椀の中には、大きな丸い団子のようなものが一つ浮かんでいた。

「タカ、この丸いのは食べちゃだめよ。開けるだけ」

言われるままに団子をスプーンで割ってみると、中に何か細くて黒っぽいものが入っている。

「何が入ってた？　……ああ、これは、お香ね。それは〝身の回りをきれいにしなさい〟という意味よ」とスカルマ。

要するにこの団子は占いクッキーみたいなもので、炭が入っていたら「心をきれいに」、塩が入っていたら「しょっぱい人」というように、中身によっていろんな意味があるらしい。ストーブを囲んで座った家族たちは、団子を割って他の人のと見比べては、やいのやいのと盛り上がりながらトゥクパをすすっている。

と、突然、停電して真っ暗になってしまった。ただでさえチャンネルが少ないこの家のテレビに飽きかけていたイグジンとスタンジンは、「ねー、電気はー？」とぶーたれている。あまりに暇そうなので、二人をひっつかまえて、代わる代わるコチョコチョとくすぐってやる。すると二人は目に涙を浮かべるほどヒーヒーゲラゲラ笑いはじめて、「タカ！　タカ！　……次はあっち、あっち！」と、逆にこっちが疲れてしまうくらい、暗闇の中で何度も何度もくすぐり攻撃を要求するのだった。

大晦日にあたる翌日は、朝からみんな掃除をしたり、薪割りをしたりとちょっと忙しげだった。ツェリンはたらいの中でたくさんのツァンパをこねて、仏間のお供え物を作りはじめた。ダンギャスという幾何学的な塔のような形のものと、シキン（アイベックス：巨大な角を持つ野生のヤギの一種）をかたどった人形をいくつか。二人の孫たちはおじいさんのそばにちょこんと座って、興味津々、手元をのぞき込んでいる。

僕はカメラを首にぶら下げて、外に出かけた。空をぺったりと覆う灰色の雲を透かして、太陽が鈍い光を放っている。あの大きなラル・チャンの木はすっかり葉を落としていて、梢の中ほどに鳥の巣が引っかかっているのが見える。夏の間、あれほど生命の気配にあふれていたサクティの村は、今は見事なまでに緑のひとかけらもなく、畦道の脇を流れていた水路は干上がり、凍りついていた。風が冷たい。何人かの村人とすれ違う。

「ジュレー。カムザン（元気）？」

「カムザン、カムザン！」

畑仕事も冬支度もすべて終わって、明日はロサル。急ぐ必要など何一つない。

家に戻ると、みんなは昼食にモクモクを作る準備を始めていた。ツェリンが、半分凍った大きな赤身の肉の塊を包丁で刻んでいる。

「何の肉ですか？　ヤク？」

「そうだ。チャンタン高原で育った本物のヤクだ。うまいぞ。この間買った肉があっちの部屋に置いてある。見るか?」

そう言って彼は、僕を二階の食糧貯蔵庫に連れて行ってくれた。血の匂いのたち込める薄暗い部屋の中に、えっ、とのけぞるほど巨大な肉の塊がごろんと転がっている。今の気温なら放っておいても肉は凍ってしまうから、腐ることもないのだろう。

「半頭分で九千ルピーだった。これで、この冬は保つ」

女たちが手際よくきれいな茶巾型に包んで蒸し上げたヤク肉のモクモクは、肉汁がじゅわっとあふれるほどたっぷりで、頬張るとまさに肉を食っているという感じがした。指をぎとぎとにしながら食べる。冬の間、野菜の乏しいサクティでは、みんなこうしてヤク肉を食べて精をつけるのだ。

午後、僕はチュンメに使う素焼きの器に火を点す芯を埋め込む作業を手伝った。灯明祭ガルダン・ナムチョの時と同じように、ラダックではロサルの時も、チュンメを屋根や軒先に並べる風習がある。冬のラダックは、日が暮れるのが早い。しばらくたって窓の外が薄暗くなってきた頃、ドルマとデスキットは仕込み終えたチュンメを盆に乗せて屋上へと運び、一つずつ等間隔に並べはじめた。タシはクリスマスツリーに使うような豆電球のコードを屋根に張り渡そうとしている。でも今は村が停電しているので、どんな具合に光るのかよくわからない。

東の山の端を照らしていた西日の名残が消え、周囲に闇がたち込めてくると、チュンメに火が点されはじめた。薄闇の中で、一つ、また一つと小さな光が増えていく。この家だけではない。

隣の家でも、遠くの家でも、谷のはるか向こうにある家でも、あちこちでチュンメやかがり火が焚かれている。停電して真っ暗な村で、大晦日の夜に揺れる祈りの灯火。その静かで美しい光景に、僕はしばし見とれた。

台所に戻ると、窓の外を見ていたツェリンが、

「メトが来る。外で待っていることにしよう」と言った。

彼の後についていって、畑の中の畦道でブルブル震えながらしばらく待つ。するとやがて、遠くから「……ハシャラー！　ハシャラー！」というときの声が聞こえてきた。漆黒の闇の中から現れた、煌々と燃えさかるたいまつを手にした十数人の男たち。ある者は火のついた長い棒をかざし、ある者は火のついたぼろきれに結びつけたひもをグルグル振り回しながら、闇の中を雄々しく行進していく。凍えるような大気を、炎の熱が切り裂く。このたいまつの行進が、メトと呼ばれる儀式なのだという。

たいまつを手にした男たちは、畑が広々と開けたところまで出ると、パッと散り散りになって、めいめいがこれでもかという勢いで炎をメチャメチャに振り回す。はぜるたいまつから飛び散る火の粉。やがて、男たちは火を一ヵ所に集めて大きなかがり火にし、長い長いかけ声をくりかえし唱えはじめた。今年起こった悪い出来事が飛び去って、来年は良い出来事がやってくるように、という祈りなのだそうだ。

「どうだ、メトは？　よかったか？」とツェリンが笑う。

「よかったです。すごい迫力だった！」

この日の夕食はずいぶん遅くなって、夜中近くになった。子供たちは遊び疲れてすっかりおとなしくなってしまったが、まだ眠たそうには見えない。子供の頃の自分も、大晦日の夜は何となく興奮して寝つけなかったことを思い出す。

やがて、古い大きなストーブの前に、食事やツァンパが供えられた。

「さあ、これからツェリン・ナムギャルのお出ましだよ」とスカルマ。するとそこに、ゴンチェを着てビシッと盛装したツェリンが奥の部屋から現れた。ストーブの前で身を屈め、静かでごく短い儀式を行う。

「……これは何の儀式なの?」

「この家の家族とか、家畜とか、すべての者たちのためにお祈りを捧げたのさ」

その後、台所に集まった一同の前に、ようやくお待ちかねの夕食が運ばれてきた。ごはんの上に、煮込んだヤク肉のごつい塊。おいしかったけど、昼食にさんざんヤク肉のモクモクを食べ、酒の肴も焼いたヤク肉ばかりだったから、もう当分ヤク肉はオッケーだな、という気分になった。

翌朝、目を覚ますと、窓の外の風景はうっすらと雪に覆われていた。こういう節目の日に雪が降るのは、ラダックでは縁起のいいことなのだという。

異郷の修行者

老僧は、孔雀の羽飾りのついた水差しに入った油を、身を屈めた男たちの頭に注ぎかけた。村人の一人が、彼らの額にツァンパをなすりつける。裸の上半身に布を巻きつけた男たちは、岩山の頂上を吹きすさぶ風に「寒いな」と身を震わせながら地面に座ってチャンをすすっていたが、荒縄をよじって作られた輪っかのようなものを頭にかぶった瞬間、心なしか目の色がゆらっと変化したように見えた——ラマゾギの誕生だ。

ここは、インダス川の下流側にあるバスゴという村。ラダックのいくつかの村では、ロサルの時期に日本のなまはげにも似た悪霊祓いの儀式を行う風習が今も残っている。このバスゴもその一つで、ロサルが明けて三日目から、村人の中から選ばれたラマゾギ（異郷の修行者）と呼ばれる三人の男たちが、約一週間かけて村の家々を一軒々々回り、悪霊を祓う儀式を行うのだ。

ラマゾギによる悪霊祓いの手順はとてもシンプルだ。頭にかぶっているバルトットと呼ばれる荒縄の輪っかを外し、それで相手を叩くしぐさをしながら「ハッ！」と叫ぶだけ。村の家々を回る時はもちろん、村をたまたま通りがかった車もわざわざ止めて「ハッ！」とやるし、カメラを構えてついてくる僕のようなよそ者に対しても分けへだてなく「ハッ！」とやってくれる。まあ、彼らにお祓いしてもらったら、その分いくらかお礼を払わなければならないのだが。

ラダックでもっとも素朴で、もっとも風変わりな祭りが幕を開けた。

祭りの期間中、僕はバスゴに一軒だけある看板もないゲストハウスに泊まっていた。通された部屋はがらんとして寒く、夜は寝袋の中でブルブル震えているような状態だったが、家の人たちが冬の一日の大部分を過ごす階下の小さな台所ではいつもストーブが焚かれていて、暖かくて居心地がよかった。僕が台所の前を通りがかると、宿のおかみさんは「こっちへ来なさい！　寒いだろう外は？」と笑いながら、チャイやバター茶、ビスケットをいそいそとすすめてくれるのだった。

台所には、ポメラニアンのような小さな雑種犬が一匹いた。家の人からトゥミと呼ばれていたその犬は、右後ろ足が不自由でいつもひきずっていた。こいつはなかなかの甘え上手で、僕がストーブのそばでビスケットをかじっていたりすると、そーっと近くにやってきて、消費者金融のCMにでも出演できそうなくらい愛くるしい瞳をうるうるさせながら、ちょこん、と前足を僕の手の上に乗せる。いったいどこでこんな技を覚えたのだろう。

バスゴでの滞在はとてものどかで快適だったが、一度だけ、ちょっと困ったことが起こった。ある日の夜、僕のデジタル腕時計が突然パワーダウンして、時刻表示がリセットされてしまったのだ。この腕時計は太陽電池で動く仕組のもので、日照時間はいつも十分だったはずなのだが、あまりの寒さに異常をきたしてしまったらしい。

翌朝、とりあえず時刻を合わせようとしてみたものの、宿の階下にある時計は電池切れで動いていなかったりして、あてにならない。宿の主人に「今、何時ですか？」と訊いても、「今？

さあ……。八時か八時半くらいじゃないかなあ」と呑気に返される始末。困ったな……と思っているうちに、何だか急にバカらしくなった。

この村で、時計を気にしなければならないことなんて、何一つないじゃないか。

日本でフリーライターとして働いていた頃の僕は、常に時計を気にしながら行動していた。朝起きる時間、電車に乗る時間、取材の時間、打ち合わせの時間……。日本に帰ったら、また否応なくそういう暮らしに戻らなければならないのかもしれないが、せめてラダックにいる間は、時計なんて気にせずに暮らしてみよう。デタラメな表示の腕時計を見ながら、僕はそんなことを思った。


バスゴの祭りの登場人物は、ラマゾギだけではない。

祭りが始まって六日目の朝、村にはウルブルたちが現れる。彼らは村の少年たちで、白い上着に目の部分に穴を開けた白い布の覆面をつけ、手には長くて節くれだった鹿の角を持っている。ウルブルたちはヒャーヒャーと叫びながら静まりかえった村の中を練り歩き、近くの家々に押しかけたり、通りがかった車やバスを無理やり止めて中に乗り込んだりしては、人々に小額のお金をせびって回る。きっと少年たちにとっては、年に一度だけ思うぞんぶんハメを外せる日なのだ。宿のおかみさんもそんな少年たちの姿を見ながら、「しょうがないねえ、ウルブルだよ!」と笑っている。

村の中心には、傍らにいくつかの大きなチョルテンが立ち並ぶ小さな広場がある。そこでは、

白覆面に金色の三角帽子をかぶった四人の男たちが、笛と太鼓に合わせて静かに舞を踊っている。白装束の男がラルダク、茶色の装束の男たちがカロクと呼ばれているようだ。弓矢や短剣を携えた彼らは、かつてのラダック王国の臣下を表しているのかもしれない。そんな彼らを、広場の一段高い場所に座して見守っている男がいる。彼はカローンというラダック王国の大臣の末裔。村人からはいまだに尊敬を集めているのだという。

最終日の七日目となると、広場には昼頃から大勢の村人たちが集まってくる。老人たちは地べたに座って手にしたマニ車をクルクル回し、男たちはポケットに手を突っ込んで肩をすぼめながら世間話をし、女たちは長いマフラーに顔を埋めながら祭りの主役たちの舞を見つめている。子供たちははしゃいでそこらじゅうを駆け回りながら、一個一ルピーのガムを僕に分けてくれたりする。広場の中央には、ツァンパを練ってこしらえた小さなヤクの人形と一切れのヤク肉、中にチャンが入っているいくつかの水差しが置かれている。

そこに現れるのが、アビ（ばあさん）とメメ（じいさん）と呼ばれる白覆面に鹿の角を持った二人の年老いた男たちだ。彼らはまるで漫才コンビのような掛け合いとおどけた身振りでカローンに挨拶をし、さて何をするのかと思いきや……やっぱり村人たちにお金をせびって回るのだった。やだやだと首を振りながらも、結局笑いながら十ルピーや二十ルピーの札を差し出すおばちゃんたち。アビもメメもウルブルと同様、この祭りの中で道化のような役割を果たしているのだろう。

村の家々をすべて回って悪霊祓いを終えた主役のラマゾギたちは、ぎょっとするような姿に変身していた。頭が、ものすごく大きな白髪のアフロヘアーになっているのだ。これは、家々を訪ねてバルトットをかざしてお祓いをする時、村人たちがバルトットに次々と羊毛を結わえつけていくので、こんなに巨大化してしまったのだという。

「なんだ、あんた、まだ村にいたのか！」と、ラマゾギの一人が僕を見つけた。「よし、今日は最後の日だし、もういっちょお祓いしてやろう！」

そう言って彼はアフロヘアーをカポッと外し、また僕に向かって「ハッ！」とやってくれた。バルトットもこれだけ大きくなると、いかにもご利益がありそうな気がする。

広場から道路を挟んで向かいの畑の中に、何やら人だかりができている。近づいてみると、ティビをかぶって両手に法具を持った男――オンポ（占星術師／呪術師）が、ツァンパで作った二体のダオ（人形）を前に祈祷を行っている。その周りを神妙な顔で取り囲む村人たち。オンポは酒でも飲んでいるのか、ちょっとろれつの回らない舌でむにゃむにゃ祈りを唱えている。

ふいに、子供たちの一群がワァーッと背後を駆けていった。後を追ってみると、子供たちは村の中を流れる川のほとりに集まって、そわそわしながら何かを待っている様子。大人たちも続々と川べりに集まってきた。ここで何かが起こるのか？

と、そこへ、さっきまで広場にいたアビ、メメ、そして三人のラマゾギたちが、村人たちとともに息を切らしながら走ってきた。ラマゾギの一人がさっきの二体のダオを川に向かって放り投げたように見えたが、人だかりがすごくてよくわからない。五人の男たちは川岸に到着すると、やおら着ていた服を脱ぎはじめた。

……まさか？　いや、その通り。

アビ、メメ、ラマゾギたちは全裸になると、氷のように冷たい川の中へと飛び込んだ。ざぶん、ざぶんと何度も飛沫を上げながら身体を川に浸し、水をすくって頭にかけては、両手を合わせて一心に祈る。そうすることで身を清めているのだろうが、ところどころに氷さえ張っている川の水の冷たさを想像すると、見ているだけで指先がしびれてくる。

川の水を浴び終えた男たちは、全身の皮膚を真っ赤に染めて岸へ上がると、ブルブル震えながら身体を拭い、村人たちの手を借りて、頭に烏帽子のようなものをかぶったパリッとした盛装に着替えた。

「キキソラギャロー！　キキソソ、ラーギャロー！」

大仕事を終え、誇らしげな顔で舞う五人の男たち。……さっきまでは全裸だったわけだが。その様子を頬を赤らめ、ティビ（帽子）で顔を隠しながら見ていた村の若い娘たちが、チャンの入った水差しを持って彼らにお酌をして回った。

祭りはまだ終わらない。村人たちは、村の裏手にある細長くて平坦な畑が連なる場所へと移動した。これから、フィナーレの騎馬祭が行われるのだ。

鞍を置いた馬は、七頭ほど集められていた。村の若者たちが、年に一度の晴れ舞台に顔を引き締めながら鞍にまたがっている。「ヤッ！」と若者たちがかけ声とともに手綱と鞭を振るうと、いっせいに馬たちが走り出し、あっという間に目の前を駆け抜けていった。その疾駆をじっと見守る人々。馬と若者たちははるか彼方の畑の端まで走っていくと、こっちまで引き返してきて、再び

「ヤッ！」といっせいに走り出していく。土煙を蹴立てながら寒風を切り裂いていく馬たちは、サラブレッドのようにすらりとしてはいないが、走る姿は武骨で力強い。間近で見ると、なかなかの迫力だ。

馬たちの疾駆は、かれこれ十回ばかりもくりかえされた。やがて競走が終わると、それまで上座で見物していたカローンや白覆面を外したラルダク、カロクたちが馬にまたがり、ラマゾギ、アビ、メメたちの周囲をぐるぐると回りはじめた。剣が宙高く突き上げられると同時に、ときの声が上がる。

「ブローブロー！……ブローブロー！」

もう日が暮れかけていたが、村人たちはまた広場に戻り、冷たい風が吹きすさぶ中、名残を惜しむかのように祭りを続けた。祭りの主役たちが、順に先頭を入れ替わりながら長い長い舞を踊る。絶え間なく響く笛の音、太鼓の音。川岸でお酌をしていた若い娘たちも、恥ずかしがりながら踊りの輪に加わった。さっきまで祈りを唱えていたオンポは今やすっかり酔っ払い、ヘロヘロになりながらヘンテコな踊りを踊っている。村人たちの笑いさざめく声――。

「……あんた！　ずーっと祭りを見てたのかい？　お昼ごはんも食べずに……。スキウを作って待っていたんだよ！」

すっかり夜になってから宿に戻ると、おかみさんはそう言いながら昼と夜の二食分の食事をすすめてくれた。正直、死ぬほど腹が減っていて、いくらでも食べられそうな気がした。そんな僕の食いっぷりを、犬のトゥミがうるうるした瞳で見ている。

「ありがとう。うまいです」

「そうかい、よかった。あんたは明日レーに戻るんだね……。どうだった、この村のロサルは？

スキッポラ？（楽しかったかい？）」

「マースキッポラ！（ものすごく楽しかった！）」

もう、今が何時何分だろうと、どうでもよかった。

チャダル

ザンスカールは冬になると、外界とを結ぶ峠道がすべて雪で塞がり、周囲から完全に隔絶された世界になる。ところが、一月中旬から三月上旬までの一年でもっとも寒い時期だけ、忽然と一本の道が現れるという。険しい峡谷を流れるザンスカール川があまりの寒さに凍結してしまい、その上を人が歩いて往来できるようになるというのだ。雪と氷に閉ざされた極寒の地で、古の昔から使われてきた幻の道――人々はそれを「チャダル」と呼ぶ。

きっかけは、パドマ・ドルジェとの出会いだった。

彼と知り合ったのは、夏の終わりにラマユルからザンスカールを目指していた旅の途中、ハヌマ・ラのベースキャンプでのことだった。別の少人数グループのガイドをしていた彼が、幕営の準備をしていた僕のところに遊びに来たのだ。ザンスカールのツァザルという村出身の彼は十年のキャリアを持つベテランのガイドで、彫りの深い精悍な顔立ちの中には、黒くて柔らかな瞳が光っていた。気さくで話しやすいパドマと僕はすぐに意気投合して、時間も忘れて話し込んだ。

「……じゃあ、君は冬の間も取材でラダックにいるんだね……チャダルは？　冬のザンスカールには来るの？」

「うーん……挑戦してはみたいけど、どうやったらいいのかよくわからないし……」

「俺が連れていってあげようか？」

「ほんとに？」

「ああ、俺が個人でアレンジするよ。旅行代理店でチャダル・トレックをアレンジしたら、ものすごく高くついちゃうからね」

その時はいったん別れた僕たちは、ロサルが終わった頃に再び連絡を取り合い、チャダルを旅する計画を練るようになった。これまでに数えきれないほど何度もチャダルを旅しているというパドマは、レーで借りている小さなアパートメントに僕を呼んでは、チャイや昼食をふるまってくれながら、チャダルにまつわるいろんなことを僕に教えてくれた。

「……ソリで荷物を運ぶポーターは、あと二人もいれば十分だ。チームは小さければ小さいほどいい。知り合いのザンスカール人に頼んでみるよ。ザンスカール出身のやつでないと、チャダルではいざという時に役に立たないからね……」

「食糧は、何を、どれくらい持ってく？」

「片道分あればいい。戻ってくる時の分はザンスカールで調達できる。米、小麦粉、ダール豆、ジャガイモ……軍用のエッグパウダー、チャイの茶葉にミルクパウダー、それからメギと……調理油はマスタードオイルがいいな。身体があったまる」

「ほかに必要なものは？」

「……君は寝る時にテントを使いたいかい？　ケロシンストーブは？　できれば、どっちも持っていきたくないんだけど」

「え?!　テントも……ストーブも?　それで大丈夫なの?」

「川沿いの洞窟に泊まる時はテントはいらないし、ザンスカールの村ではたいてい、俺たちの親類や友達の家に泊まれる。火は薪で起こす。チャダルのどのポイントで薪を手に入れられるか、俺たちは全部知ってる。氷の上を歩く時は、荷物はできるだけ軽い方がいいんだ……」

夜はマイナス三十度まで気温が下がる真冬の山岳地帯を旅するというのに、テントもストーブもいらないというパドマの大胆不敵さに、僕は度肝を抜かれるとともにすっかり感心してしまった。今度の旅は、とてつもないものになる。そんなチリチリとしびれるような予感を僕は感じていた。


この冬最初のグループがチャダルに向けて出発したという知らせを聞いてから数日後、僕たちは週に一便あるチリン行のバスに乗り、車道の終点のグル・ドという地点に移動した。グル・ドは崖の上に古くて由緒あるチョルテン（グル）が残っている場所で、ザンスカール川の岸辺では、道路工事に従事するネパール人たちが石小屋やテントで暮らしていた。その日の夜はザンスカール人が経営する茶店の石小屋に泊めてもらい、これから始まる長旅に備えた。

翌朝、初めて凍結したザンスカール川の上に降り立った時、僕は何とも形容しがたい不思議な感覚にとらわれた。両岸はあちこちに雪が積もった見上げるような岩山や断崖で、その間には深い緑色をした川の水が轟々と音を立てながら流れている。それなのに岸辺には、まるで白い遊歩道のようにきれいな氷の道が川に沿って続いているのだ。奇妙な光景だった。大丈夫だろうか。

突然割れたりしないだろうか。すべって転ばないように、おっかなびっくり、歩き出す。

「歩く時は、こう……小さな歩幅で、あまり足を持ち上げないように」とパドマ。前を行く彼が歩いた跡をなるべく踏み外さないように、慎重に足を運ぶ。

パドマと僕の前方には、二人のポーターが荷物を積んだ手製のソリを引いて歩いている。ザンラという村出身のロブザン・トゥンドゥプ（トゥンドゥプ）は、普段は村で大工などをして働く四人の子持ち。パドマと同じツァザル出身のロブザン・ツェリン（ロブザン）は、つい数カ月前に結婚したばかりの若者だ。二人ともパドマと同様、これまで数えきれないほどチャダルを旅した経験を持っている。

その前を行く二人が、ピューッと口笛を吹いて合図した。追いついてみると、岸辺の氷がわずか幅五十センチほどしかなくなっていて、しかもそのすぐ上には岩がオーバーハングしてせり出している。しゃがんでも無理、腹ばいになって抜けるしかない。それでも右肩はそっくり川の上に出ているような状態で、うかつにもがけばそのまま川の中にずり落ちてしまいそうだ。僕は岩の下に這い込むと、腹ばいのまま両手を前に伸ばして、先に抜けた二人に引きずり出してもらった。

後から這い出てきたパドマは、いきなりの試練に肝を冷やした僕の顔を見ると、こともなげに笑って、

「これが、チャダルだよ」と言った。

先に進むにつれ、両岸にそびえる岩山はますます高く、鋭く、険しくなっていった。日射しが

雪や氷に反射して、目が痛い。寒さはそれほど感じない。気を張りつめて歩き続けているから、身体が暖まっているのだろう。

日当りのいいゆるやかな斜面にさしかかったところで、パドマが「よし、昼飯にしよう」と言った。三人は荷物を降ろしたかと思うと、ほんの十分ほどで薪を拾い集め、石ころでかまどを作って火を起こし、チャイを沸かし、メギを作ってくれた。ほれぼれするほどの手際のよさだ。マグカップからすすり込んだメギの熱さが、身体を芯から暖めてくれる。疲れた足の筋肉に力が甦ってきた。トゥンドゥプとロブザンは、うまそうにビリ（インドの安タバコ）を吸っている。

人心地ついたところで、再び出発。少しずつ、氷の上を歩くのにも慣れてきた。上に二、三センチほど雪が積もっていれば、ほとんどすべることがないこともわかった。川の全面が凍結して雪が積もっているような場所だと、まるで普通に平らな雪原を歩いているかのような錯覚に陥る。でも時折、ココココッ、ギーッ、と建てつけの悪いドアみたいな音を立てて足元の氷が軋むと、ああ、ここは川の上で、足の下数十センチのところでは冷たい水が渦巻いて流れているのだ、ということを思い出す。

時々足を止め、背中の防水ザックからカメラを取り出して写真を撮る。今回、デジタル一眼レフでチャダルの撮影をするにあたって、一番悩んだのはバッテリーの保管方法だった。これだけ気温が低い場所だと、普通に持ち歩いていたのではバッテリーの電圧が低下してゼロになってしまう。僕は考えた末、服の内側にカメラマンベストを着込み、そのポケットに八本の予備バッテリーを詰め込んで、どんな時でも常に肌身離さず、自分の体温で保温することにした。撮影する時は懐からバッテリーを取り出してカメラに装填し、撮り終えたらまた取り出して懐にしまう。面倒だが、三週間に及ぶチャダルの旅でバッテリーを保たせるにはこうするしかない。

午後三時を過ぎた頃、川岸から少し上がったところにある小さな洞窟に着いた。洞窟の入口には風よけの石垣が積まれていて、古くから使われていることがわかる。煤けた天井は低く、広さもやっと数人が横になれる程度だ。洞窟に残っていた少しばかりの薪でチャイを沸かした後、三人はどこかに出かけていって、夕食の煮炊きと暖を取るのに必要なだけの薪を集めて戻ってきた。太陽はとっくの昔に岩山の向こうに姿を消し、大気はギューッと締めつけるように冷え込んできている。太めの薪を投じて火を大きくし、ラバーブーツを脱いで、雪や汗で湿った靴下を火にかざす。こうしてしっかり乾かしておかないと、夜の間に凍ってしまうのだ。靴下から、おもしろいくらいに湯気が立ち上る。

この日の夕食は、料理上手なトゥンドゥプが中心になってトゥクパを作ってくれた。暗い洞窟の中で、温かいトゥクパをスプーンで口に運びながら、パチパチとはぜる火を眺めているのはとても楽しい。ほかの三人はもっぱらラダック語で、「グル・ドにいたネパール人の女の子はかわいかった」とか「どこそこの村の誰それのヨメはどーたらこーたら」とか、ずっと女の話ばかりしている。

「タカ、君がチャンスパで泊まってる家に、若い女の子がいるだろ?」とパドマ。

「いるけど……なんで知ってるの?」

「カワイイのか?」

「カワイイ？　うん、まあ確かに」

「だったらヨメにしちまえよ！」とトゥンドゥプ。

「いや、ムコになってラダックに住んじまえばいいじゃん！」とロブザン。

　こうして僕は、その後「チャンスペ　マクパ」（チャンスパのムコ養子）というあだ名で呼ばれることになったのだった。


　チャダルの氷は、時と場所によってさまざまな表情を見せる。

　たとえば、一度張った氷の上に川の水がせり上がってまた凍りかけているような場所では、上層の氷はシャブシャブのシャーベット状となり、膝下まである僕の防寒ラバーブーツでもギリギリ歩けるかどうかという時もある。さらに水が深いところでは、靴やズボンを脱いで越えなければならないこともあるという。

　そうかと思えば、上に雪も何もない、まるでガラスのようにツルツルで透明な氷が一面に張っている場所もある。こういう氷は恐ろしくすべりやすいのだが、冬山登山で靴に装着して使うアイゼンのような道具は、氷が割れる可能性があるので使えない。うっかり下手な転び方をすれば、骨折だってしかねない。中腰になって重心を落とし、ゆっくり、そろそろと進む。足元を見ると、泡立った気泡が氷の中に閉じ込められたまま凍りついているのが見える。

　だが一番大変なのは、氷そのものが張っていない場所だ。そうなると崖をよじ登って迂回するしかないのだが、ただでさえ険しくそそり立つ崖のあちこちには雪がこびりついていて、うっかり足を乗せるとズルッとすべる。いったいどこに足場があるのか、僕の目には見当もつかない。

「足をそのくぼみに置いて、ここにある岩をつかんで……そう！　次は、そっちの手であのでっぱりを……」

パドマが鋭い声で足場を指示する。指先と足先に全神経を集中しながら、一歩々々、よじ登っていく。僕がしがみついている垂直に切り立った崖には、幅三十センチほどの足場と、ところどころわずかにでっぱった岩の手がかりしかない。ふと下を見ると、十数メートル下には鋭く尖った岩がゴロゴロと転がっている。落ちたら、たぶん死ぬ。でも今は、余計なことを考えている暇はない。

「チャダルで一番してはいけないのは、怖がることなんだ」とパドマは言う。「もし君が怖がってすくんでしまったら、俺たちには何もできない。だから、怖がるな。俺たちを信じろ。そうすれば、絶対に何とかしてやるから」

三日目は、途中から雪になった。青白い雪が、山に、岩に、氷に降りしきり、視界は白くかすんで、ダウンジャケットのフードを目深にかぶっていなければ目も開けていられない。うっすらと新雪が積もった氷に足をすべらせて、パドマでさえ何度かすってんと転んでいた。

こうして雪が降り続いている間は、途中で火を起こして昼食を作るのは難しい。僕たちは三十分おきに五分ほど休憩して、そのたびに小さな固いパンやビスケットを少しずつ口にしながら、この日泊まる予定のニェラクという村に急いだ。

途中、僕が持っていたチョコレートをみんなに配っていると、トゥンドゥプが手にしたチョコ

レートをまじまじと見ながら言った。

「……これを今食っちまったら、数時間後には俺たち死んでるかもな……」

「おいおい！」

こんな苛酷な状況でも、バカなことばかり言って笑っている三人。ザンスカール人はたくましいというか、呑気というか。

雪が降る中を五時間ほど歩き続け、ユルチュンという村への分岐点にさしかかると、今にも倒れそうなほど大きく傾いだ一本のシュクパの木があった。古いタルチョが枝に絡みついている。トゥンドゥプはその木に近づくと、小さな枝と赤いタルチョの切れ端を取ってきて、「キキソソラギャロー！」と唱えながら、それを僕のカメラザックに結わえつけてくれた。


雪は丸三日降り続いた。僕たち四人は、ニェラクの村のふもとでチャダルの旅人を相手に営業している茶店の石小屋に泊めてもらって、天候の回復を待つことにした。この先には、チャダルで一番危険なポイントが待ち構えている。無理はできない。暗い石小屋の中で、僕たちはストーブの煙突を通している屋根の穴の隙間からちらちらこぼれてくる雪を眺めながら、「雪が止んだ」「いや、また降りはじめた」と一喜一憂をくりかえした。足止めを食ったのが洞窟ではなくて村だったのは、不幸中の幸いだった。

茶店では、ソナム・ギャルポという少年が店番をしていた。黒くてきらきらした目の男の子で、普段は故郷のニェラクを離れてチョグラムサルにある学校で勉強しているのだという。初めは朴

訥で純真な男の子なのかと思っていたのだが、そのうち仲良くなってくると、

「ねーねー、にーちゃん、彼女いる？　彼女の夢とか見たりする？　彼女の夢見て××××？

ねーねーねー？」

とか言いはじめたので、頭をひっつかんでぴしぴし、ぐりぐりしてやった。どこの国でも、十二歳の男の子はみんなエロガキだ。

「にーちゃんは、これからザンスカールまで行くんだよね？」とソナム。

「うん、そうだよ」と僕。

「帰りは、またチャダルを引き返してくるんでしょ？　いつ戻ってくるの？」

「そだな、十日後くらいかな」

「じゃ、にーちゃんが戻ってくる時は、僕はもうここにいないや」

「どうして？」

「一週間後に、チョグラムサルの学校に戻るんだ」

「戻るって……チャダルで？」

「うん」

僕からしてみればこれ以上ないほど苛酷なチャダルの旅路も、ザンスカールの人々にとっては、十二歳の少年すら平気で行き来する生活の道なのだった。

ニェラクから一時間ほど先に進んだところに、人々が「オマ」と呼んでいる場所がある。両岸

は取りつくしまもないほど垂直の岩壁で、水深は深く、ある程度氷が張らなければ通り抜けるのは不可能だ。その氷も、川の流れが速いために状態が安定せず、少し凍ってはまた割れてをくりかえす。チャダルの道程の中でも、もっとも危険で難しいポイントだ。

この日僕たちは、一日遅れでニェラクにやってきて雪の止むのを待っていた別のグループと一緒にオマを越えることになった。彼らはアメリカ人のライターとインド人のフォトグラファーの一行で、ガイド、コック、アシスタント、ポーターたちを含めると十人を越える大所帯だ。でも、この難所を越えるためにザイルを張ったり、岩にこびりついた雪を削って足場を作ったりしていたのは、もっぱらうちの三人だった。

オマでも特に氷が張りにくい長さ数十メートルの箇所には、川面から数メートル上の左岸の岩壁に、鉄筋の足場が等間隔に打ち込まれている。今、足場の下の川面にはまったく氷がない。その手前、わずかに幅二、三十センチほど氷が張っているところまで僕は移動して、指示を待つ。

「よし、タカ、来い！」

パドマが足場の上から垂らしてくれたザイルを頼りに、僕は垂直の岩壁をよじ登りはじめた。ラバーブーツの底がすべって、なかなかうまく登れない。息を切らしながら、ようやく鉄筋の足場のある場所まで辿り着いた時、背後で「あーっ……！」という声が聞こえた。

……落ちた?!

ふりかえると、僕の次に崖を登るのを待っていたはずのアメリカ人の男が、自分でも信じられないといった表情で、川の中でばたばたともがいている。首元まで水に浸かっているのに、足が川底に届いている様子はない。流れは速い。あっちのグループのポーターたちはおろおろしながら、手に持っていたタオルにつかまらせようと差し出したりしている。そんなんじゃダメだ、早く助けないと……。

その時、僕のすぐ横にいたロブザンが、自分も落っこちてしまいそうなほどのものすごい勢いでザイルを伝って下にすべり降りた。わずかな氷の上から身を乗り出すと、手を川の中に突っ込んでアメリカ人の身体をつかみ、岸に引き寄せ、引きずり上げる。どうやら大丈夫そうだ。よかった、間に合った……。

ほっとしている暇はない。僕は岩壁に背を向けてぴったり張りついたまま、鉄筋の足場をカニ歩きで伝いはじめた。途中、鉄筋がまばらになって足が届かないところで、ズルッとすべりそうになる。再び上に戻ってきたロブザンが脇を支えてくれて、どうにか切り抜けることができた。人間、極限状態も度を越すと、パニックを起こすのも忘れるらしい。

オマを渡り終えた後、あっちのグループは濡れねずみになってブルブル震えているアメリカ人の介抱で大わらわだった。「身体をずっと小刻みに動かし続けて！　止めちゃだめだ！」と、パドマが彼に声をかける。アメリカ人が地面に脱ぎ捨てた服がほんの二、三分でカチカチに凍りついてしまったのを見ると、自分は落ちなくてラッキーだったとつくづく思った。

「……あいつは誰だ？　あんな身軽で勇敢なやつは見たことがない！」

大きな岩陰での昼食の時、ロブザンは、あっちのグループで一躍時の人となっていた。当の本人は、アメリカ人がお礼にくれた五十ドル紙幣を手の中でもて遊びながら、照れくさそうに笑み

を浮かべている。

「チュッポ（お金持）だなあ、ロブザン。奥さんに何か買ってあげたら？」と僕。

「あっちは人数多いけど、俺たちのチームの方が強いな」とパドマ。

「ポーターも最近は、荷物運ぶだけじゃすまないんだな」とトゥンドゥプ。

それからしばらくは、崖を登ったりザイルを伝ったりする必要もなく、凍った川の上を歩いて進むことができた。この三日の間に積もった雪は、深く、柔らかく、ねっとりとブーツにからみつき、寒さは刻々と体力を奪っていく。足は次第に重くなり、身体は力が入らなくなる。でも、今は歩き続けるしかない。もし、歩けなくなったら……。

ふいに、パドマが小さく叫んだ。

「……アイベックスだ！」

彼の視線の先を追うと、川の対岸の急斜面に、十頭ほどの野生のアイベックスの群れが見えた。雪からのぞいたわずかな草を食みながら、時折巨大な二本の角をもたげるその姿は、凛として美しく、この厳しい世界で生き抜く者の気高さが感じられた。

チャダルを旅している間、パドマはいつも一本の杖を手にしていた。直径五センチほどの、すべすべした柳の木の杖だ。

「目の前の氷が渡れるかどうかわからない時は、この杖で氷を叩くんだ」と彼は、足元の氷を杖でコンコンと叩いた。「二回叩けば、その音でだいたいわかる。わからなければ、もう一回叩く。

そうすれば絶対にわかる」

「音だけで?」

「そう」

「欧米人がよく使ってるトレッキングステッキとかじゃだめなの?」

「あれじゃ音がわからない。木の杖でなきゃだめなんだ」

割れては凍り、凍っては割れ、刻々と変化するチャダルに対して、パドマの読みは常に的確だった。左岸と右岸のどちらを行けばいいのか、氷のどこが脆くてどこが固いのか、氷が十分でないところでは、どこをどう迂回するのか……。自信がある時の彼は、凍った川のど真ん中でも平気でスタスタ横切っていく。その後をずっと歩いてついていくうちに、僕は彼の判断に絶対の信頼を置くようになっていった。

一度だけ、パドマが氷を読み違えたことがある。それは、ところどころに雪が残る、川のほぼ全面が凍った場所にさしかかった時のことだった。そのあたりの氷はどこか頼りなげで、足を乗せると、ミシッ、パリン、と、薄っぺらいガラスのような音をたてて表面にひびが入ってしまう状態だった。

「タカ、あそこから左側の岸に上がろう……」

パドマは進路を変え、氷の上にうっすら雪が積もっている場所に踏み出した。すると突然、ズボッ!という音とともに彼の身体が沈み込んだ。

「パドマ!　……うわっ!」

彼の方に一歩近づいたとたん、今度は僕の右足が、ズボッ！と太腿の付け根までめり込んでしまった。引き抜こうとしてみるが、まるでセメントの型にでもはまったみたいに、びくともしない。

「タカ、動けるか？」

「だめだ。中でブーツが脱げちゃいそうだよ。まずいな」

「ちょっと待ってろ、こっちは何とかなりそうだ……」

そう言いながら彼は雪の中から抜け出すと、這いつくばったまま、僕のめり込んだ右足の周りにある雪を手で掘りはじめた。どうやら、僕たちのいる場所には直径二メートルほどの氷の穴が開いていて、そこに雪が詰まって中途半端に固まっていたらしい。それで、パッと見は氷の上に雪が積もっているように見えたわけだ。幸い、穴の中には水はなく、やっとのことで引き抜いた右足は、ブーツもズボンもたいして濡れていなかった。

「ここは立ち上がって歩いちゃまずいな。手も使って体重を分散させないと……」

二人で四つん這いになって安全な場所を目指しながら、僕は思った。パドマのような百戦錬磨の男でさえ、氷を読み切れないことがある。チャダルでは、いつ何が起こってもおかしくない。

出発して七日目の夕方、僕たちはハナムルという小さな村に着いた。ここから先はザンスカール川の岸辺が開けるので、地面の上を歩いていくことができる。これで、チャダルの道程で一番難しい部分は切り抜けることができた。一週間後には、また同じ道程を戻らなければならないのだが。

一面深い雪に埋もれたこの小さな村で、僕たちは一軒の農家に泊めてもらうことになった。寒さと疲労で今すぐにでもぶっ倒れて眠れそうなくらいクタクタだったが、暖かいストーブが燃える台所ですするバター茶は、「うまい」を通り越して「ありがたい」と思えるような味がした。

ほかの三人も、旅の前半の難所を切り抜けた安堵感からか、いつもより輪をかけて陽気だ。「トゥンドゥプを日本に連れて行ったら、いくらくらいで売り飛ばせるか？」という、すこぶるバカな議論で盛り上がっている。

「どうだよ、タカ？　こいつ、日本だといくらで売れる？」

「トゥンドゥプを？　……買うの？　誰が？」

「こら！」

そこら中を走り回る孫たちをあやしながら僕たちのやりとりを聞いていたこの家の老婆が、僕の顔を見て、二言三言、何か言った。

「パドマ、あの人、何て言ったの？　よく聞こえなかった」

「『あんたはものすごくいい笑顔で笑うわねえ』だってさ」

それを聞いた僕は、耳たぶまでカーッとなったのが自分でもわかるほど、真っ赤になってしまった。生まれてこのかた、笑顔をほめられたことなんて、一度もなかったから。

キャンの尻尾

「タカ、今朝はいい天気だよ」

寝袋から起き上がったばかりの僕にパドマが言った。

「今日は一日、この村で写真を撮るんだろ？　ソデチャン（ツイてる人）だな、君は」

ハナムルから深い雪道を歩き続けること三日、僕たちは旅の折り返し地点であるカルシャの村にやってきて、パドマの親戚の家に泊めてもらっていた。今日はひさびさの休養日。朝食もそこそこに身支度をして、カメラを持って外に出る。空は一片の雲もなく澄み切っていて、周囲を覆う雪は降り注ぐ日射しを跳ね返してダイヤモンドのように輝いている。これまではどちらかというとさえない天気の日が続いていたが、今朝は目に映るすべてのものが、昨日までとはまるで違って見える。

カルシャ自体はごくこぢんまりとした村なのだが、村の背後にそびえる岩山には、ザンスカール最大の僧院、カルシャ・ゴンパがある。急斜面にひしめく僧房の間を縫って上に登ると、ザンスカール川とツァラプ川が合流する平野が一望できる。東には去年の夏にも訪れたストンデの村とストンデ・ゴンパ、南にはパドゥムの街や、由緒あるピピティンのグルが見える。見渡すかぎりの白銀の世界。鋭い刀の切っ先のような山々が、藍色の空にくっきりと食い込んでいる。冬のザンスカールの真の美しさを、僕はまざまざと見せつけられていた。

ゴンパの下手にある古いお堂では、人々が「マネ」と呼ぶ冬の法要が行われていた。中をのぞいてみると、ザンスカールの人々がよく使う目出し帽にもなる茶色のニット帽をかぶったおばちゃんたちが、ストーブを囲んで数珠を手繰りながら、にぎやかに世間話に興じていた。畑仕事もなくて暇を持てあます冬、みんなのんびりしたものだ。

村の中をぶらぶら歩く。足元の雪はところどころ踏み固められた部分が凍りつき、よそ見していると転びそうになる。シャベルを手に屋根に登って雪かきをしている人。与えられた貯えの干し草を神妙な顔でもぐもぐ食べているゾやヤギ。まだ凍っていない共同水道では、女の子が一人、手を真っ赤にしながら洗濯をしている。「冷たい?」と聞くと、「冷たいわよー!」と怒ったように返された。当たり前のこと聞いちゃってごめん。

三、四軒の家が立ち並んでいる一角で、もこもこのゴンチェを着込んだ十人くらいの子供たちが遊んでいた。子供たちは僕の姿を見ると、

「……チゲルパ(外人)だ、チゲルパだ」とひそひそ相談しはじめたので、

「ほーい、チゲルパが来たよー」とラダック語で声をかけてやると、みんな「え?! なんで?」と目をぱちくりさせていた。

「トゥグ　ギャラ(いい子たち)、ナクシャ(写真)撮ってあげようか?」

「ナクシャ?! ナクシャだって!」

子供たちはいっせいに駆け寄ってくると、ぴったり肩を寄せ合って、これ以上ないほどとびきりの笑顔を見せてくれた。この笑顔に出会えただけでも、氷の川を旅してきたかいがあった。そ

う思わずにいられなかった。

翌朝、カルシャを発った僕たちは、パドマとロブザンの故郷、ツァザルに向かった。この日の天候は再び悪化し、空も雪も、何もかもが鈍い灰色の世界に閉ざされてしまった。ふくらはぎの中程まで埋もれる雪道を、僕たちは黙々と歩いた。

ツァザルの村は、ザンスカール川が小さく湾曲している部分の崖の上にあり、白壁にユンドゥン（卍の模様）が描かれた古くて立派な家が建ち並んでいた。パドマの家に着くと、彼の両親と弟と妹が出迎えてくれて、すぐに熱いチャイを淹れてくれた。ストーブが燃える台所は眼鏡が曇るほど暖かく、古いラジオからはとぎれとぎれにラダック語のローカルニュースが流れていた。

パドマには六人の兄弟がいて、そのうち四人は仕事や学校のためにレーで暮らしている。彼の奥さんも普段はこの家にいるのだが、今は親類の僧侶が修行している南インドの僧院を訪ねているのだという。パドマも仕事柄留守がちなので、ひさびさの再会に家族たちもうれしそうだ。

「あんた、これからまたパドマと一緒にチャダルに行くのかい？　あんな寒いところに……。冬の間、ずっとここにいればいいのに。ここでおいしいごはんを食べて、夏になってからレーに戻ればいいのに」

お母さんがそう言うと、お父さんも、

「そうそう、夏になるまで待って、車でカルギルを回って戻ればいいんだよ……そうだ、あんた、この村に家を建てたらどうだい？　土地はほら、あそこらへんをあげるからさ」と笑う。パドマの冗談好きは、どうやら遺伝によるものらしい。いや、それとも本気なのか。

夜は、みんなが羊肉のモクモクを作ってくれた。薄暗い台所で、お母さんが静かに念仏を唱えるのを聞きながら、モクモクが蒸し上がるのを待つ。僕は幸せだ、と思った。


晴れた日の朝、ザンスカール川の川面からは雲のように濃い霧がもうもうと立ち上る。吐息は一瞬にして、まつげや、眼鏡のレンズや、ひげや、ダウンジャケットの襟元で白く凍りつく。川岸に生えている灌木も、まるで彫刻作品のような樹氷と化している。ハナムルを過ぎ、再び氷の川を往く旅が始まった。

「晴れの日が続いた方が、チャダルはコンディションがよくなる」とパドマは教えてくれた。「晴れると川の水位が下がって、氷も雪も締まって固くなる。でも曇りの日が続くと、川の水位が上がって氷の上にまで来てしまう。そうなるとチャダルは厄介なんだ」

彼の言うとおり、晴れの日が続いた復路のチャダルは、時折腹ばいになったり崖をよじ登ったりはしたものの、往路に比べればずっと歩きやすかった。深い雪に覆われた陸の上を歩き続けた後だと、ほどほどに雪が積もったチャダルの氷の上の方がフラットで楽に歩けるということも実感した。ただ、晴れて日が射してくると、雪と氷の照り返しがすさまじい。まさかこの季節に、顔に日焼け止めを塗らなければならなくなるとは思わなかった。

見上げていると首が痛くなるほど高くそびえる岩山や断崖の狭間――普段は人間が踏み込むことすらできない場所で、凍てついた川の上をスタスタ歩いていると、うっかり立ち入り禁止区

域に入ってしまったような、何とも言えない妙な気分になる。目に見えるものすべてがあまりにも現実離れしていて、だんだん感覚が麻痺してくる。

「昔のザンスカール人はすごいと思うよ。昔は、防水素材のジャケットも、ラバーブーツも、寝袋もなかった。マッチすらなかったんじゃないかな。それでこのチャダルを旅していたんだから……。本当にすごいと思う」とパドマ。

その偉大な先人たちの子孫である彼ら三人はどうかというと、あいかわらずバカなことばかり言い合っている。

たとえばある日、写真を撮っていた僕がパドマと少し遅れて歩いていた時。

「パドマ、今日はあの二人、ペースが速いね！　全然追いつけないや」

「あー、あいつら、チンチンでかいからな！」

その後、二人の姿が見えると彼は大きな声で、

「おーい！　そこのチンチンでけえの二人！　昼飯にしようぜ！」といった具合。

呼ばれた方も呼ばれた方だ。その日の夕方、幕営用の薪をたっぷりと集めてきた二人に、

「お疲れさま。すごいな、よくこんなにたくさん集められるね」と僕が声をかけると、

「おう、俺たちゃチンチンでけえからな！」と返してくる始末。僕らの間での二人の呼び名が、その後どうなったかは言うまでもない。

ツァザルを発ってから三日目の午後、僕たちは再び難所のオマにさしかかった。その少し手前

に斜面にこびりついた雪を幅十五センチほど削って作った足場を伝わなければならない場所があったものの、あのアメリカ人が川に落っこちた場所には、幸運にも幅五、六十センチほどの氷が張っていて、今度はザイルを使うことなく歩いて通り抜けることができた。とはいえ、その部分の氷は破片が寄り集まってまた凍ったかのようにメチャクチャにささくれ立っていて、またすぐに崩れてしまいそうな状態だったのだが。危険な、でもその凄みゆえに美しい場所――。

オマを抜けてしばらく歩いたところで、パドマがふいに足を止めた。

「去年の冬、一人の男がここで死んだ」

「ここで？　……外国人？」

「いや、ザンスカール人だ。足をすべらせて、川に落ちたらしい。その時一緒だったのは女ばかりで、誰も彼を助けることができなかった。男の身体はまだ見つかっていないんだ。川に流され、氷の下にもぐってしまって、どこに行ったかわからなくなった」

目の前の川面に張った氷には、あちこちに大きな暗い穴が開いている。その下を、水がゴボゴボと激しく泡立ちながら流れているのが見える。

「それまでチャダルでは、長い間、誰も死んだりしていなかったんだ」と、パドマはくやしそうに唇を噛んで、言葉を続けた。「せめて、誰か一人でもザイルを持っていたら、何とかなったかもしれないのに……」

ニェラクまで戻ってきた日の夜、僕たちは以前雪が止むまで泊めてもらっていた茶店の石小屋

でまた一晩厄介になることにした。エロガキのソナムはもう学校に戻るために出発した後で、代わりに一人の陽気なじいさんが店番をしていた。僕たちはじいさんと一緒にアラク（強い蒸留酒のどぶろく）を飲み、ロブザンがどこからか手に入れてきた羊肉でこしらえたモクモクを頬張りながら、いつにもましてバカな話で盛り上がった。

「タカ！　……お前、来年もチャダルに来い！」とトゥンドゥプ。「もっちろん来るよな?!　今度は日本人の女の子も二、三人連れてこいよ！」

「日本の女の子と……日本のタバコをどっさり、だっけ？　そしたらタダで荷物運んでくれるんだろ？」と僕。

「そうそう、あと、女の子の数だけテントも用意しなきゃな！」とロブザン。

「わしも、わしも！」と茶店のじいさんが割り込んでくる。「わしの相手をしてくれそうな日本の女の人を連れてきてくれい！　そしたら、あんたにヤクを一頭タダでやるぞ！」

心優しくて勇敢で、くだらない冗談とエロ話が大好きな、本物のチャダルの男たち。

「……なんかよー、俺たち、兄弟みてえだな！」と、アラクを飲み干したトゥンドゥプが笑う。

こいつらと一緒に旅することができて、本当によかった。

油断ならない道程は、なおも続いた。氷の上に水が上がってズブズブに緩んでいる場所。氷に足を乗せたとたん、ピシーッ！　と派手な音を立ててひび割れる場所。垂直どころかオーバーハングしている崖にしがみついて通り抜けなければならない場所や、雪がこびりついてすべりやすい巨大な岩をいくつもよじ登らなければならない場所もあった。ある時は、膝から下がずぶぬれになった男たちの一行が僕たちのいた洞窟にやってきて、カチカチに凍りついた靴やズボンを焚き火で乾かしていったこともあった。またある時は、ザンスカール方面に向かっていた男が氷の上で派手に転倒し、片腕を動かすこともできないほど激しく痛めて、レーに引き返していったこともあった。

それでも少しずつ、僕たちは旅の終わりに近づいていた。

出発してから十九日目の朝、僕たちは終点のグル・ドまであと一時間ほどというところまでやってきていた。大きな岩の横で足を止めてちょっと休憩していると、頭上はるか上を、一機の飛行機がジェットエンジンの轟音を響かせながら飛んでいるのが見えた。

「妙なもんだな。ああして飛行機で旅してるやつもいれば、俺たちみたいに、氷の川を旅してるやつもいる」

バックパックを背負ったまま岩にもたれながら、パドマは呟き、んー、と両手を上に伸ばした。

「タカ！　俺たちは、人生を生きてるよなあ！」

銀色の飛行機の機体は、またたく間に青空に溶けて見えなくなった。

「ミ　ミツェ　リンモ、キャン　ガマ　リンモ」と彼が言った。

「『人生は……』？　どういう意味？」

「『人生は長い。キャン（チベットの野生のロバ）の尻尾も長い』という意味さ」

春を待ちわびて

チャダルの旅を終えた僕は、一台に十二人も乗り込んだ乗り合いジープに揺られて、三週間ぶりにレーに戻った。街は深い雪に覆われ、気温は昼でもマイナス六度くらいまでしか上がらず、まるで冷凍庫の中にいるみたいだった。道路に積もった雪は至るところでたちの悪い凍り方をしていて、ある日僕はパドマのアパートメントに遊びに行く途中、凍りついた坂道ですっ転んで、左の手のひらをひどくすりむいてしまった。

「なんか、レーの方がチャダルより寒くないか？」と、パドマは僕の手の傷に絆創膏を貼りながら笑った。「チャダルじゃずっと歩き続けてたから身体もあったまったけど、ここじゃそうもいかないもんな」

こんな寒い時期に、居間に行けばいつも暖かいストーブが燃えているタシ・ギャルツェンの家にいられるというのは、本当にありがたいことだった。家の人たちはあいかわらず陽気で朗らかで、変わったといえば、三人目の子供を身ごもっているスカルマのおなかが目立って大きくなってきたことくらいだ。二人の子供たち、イグジンとスタンジンは長い冬休みをもてあまし、厳しい冬をやりすごすことに退屈しきっている様子だった。無理もない。外で長時間遊ぶには寒すぎるし、同じおもちゃで遊ぶのにも飽き飽きし、楽しみといえば、夕方に電気が来てから見られるようになるテレビアニメくらいなのだから。

ある日の夜、スカルマが居間でいくつかのクルミの殻をナイフを使ってこじ開けようとしていた。クルミの殻は堅くて、なかなか割れそうになかった。

「スカルマ、ちょっと貸してみて。割ってあげるよ」

そう言って僕はもらったクルミを一つ床に置き、手のひらでバンと叩いた。すると、クルミの殻は意外なくらいあっさりと割れた。

横で見ていたイグジンとスタンジンはびっくり仰天、すっかり興奮して、

「パパ！　パパ！　タカがね、クルミの殻を手で叩いて割ったんだよ！　こうやって、床に置いて、バーンって！」

「タカ、もう一つ割って！　これも割って！」

クルミの殻は、手のひらの小指側、手首に近い部分で上から叩くと、手が痛くなることもなく簡単に割れる。僕はこの割り方を、去年ダーに行った時に村の少年に教わった。ラダックの子供なら誰でも知っていると思っていたのだが、こんな風に驚いているのを見ると、この家の子供たちは、よくも悪くも街っ子なのだなあと思う。

冬のラダックでは、夏の間よりもさらに多くの祭りが催される。

たとえばレーの街で行われるのは、ドスモチェという祭りだ。祭りの二日間、メインバザールの目抜き通りは歩行者天国になり、たくさんの露店が軒を連ねる。古着を売る店、日用雑貨の店、木工細工の店、おもちゃの店。空気銃の射的や輪投げ、空きびん釣り。人々はみな楽しそうには

しゃぎながら、ぶらぶらと露店をひやかして回る。地方から遊びにきた人も大勢いて、僕もあちこちで知り合いに出くわした。

ドスモチェの主役は、糸で作られたトルマ（お供え物）だ。鮮やかな原色の糸で編まれた高さ二メートルほどのトルマを担いだ男たちは、ぎっしり見物客が詰めかけたメインバザールを、まるでおみこしのように練り歩く。トルマが街外れの空き地まで運ばれると、一人の黒帽の僧侶シャナクが中心になって、今年の豊作や無病息災を祈願する儀式を行う。そしてその儀式が終わった瞬間、周囲で見守っていた見物客がいっせいにトルマに飛びかかる。みるみるうちに引きちぎられ、形を失っていくトルマ。この糸の切れ端を持っていると、今年はご利益があるのだという。

冬の間に行われる祭りには、このようにこれから始まる年の幸運を祈願する性格のものが多い。

そういった冬の祭りの中でもとりわけ盛り上がるのが、インダス川上流のマト・ゴンパで行われるナグランという祭りだ。

ラダックでは、ラバ（神降ろし）が重要な役割を務める祭りがいくつかあるが、マト・ナグランはかなり特殊で、二人の僧侶がラバとなり、ロンツェン・カルポとロンツェン・マルポという兄弟の守護神を降臨させ、さまざまな神託を告げる。この兄弟神はチベット南東部にある聖山カワ・カルポの神だったのだが、マト・ゴンパを創建した高僧がその聖山を訪れた帰り、一緒にラダックまでついてきてしまったのだという。兄弟神は今も、マト・ゴンパからさらに山奥にある祠で祀られている。

二日間にわたる祭りの期間中、マトではほかのゴンパと同じようにチャム（仮面舞踊）の儀式

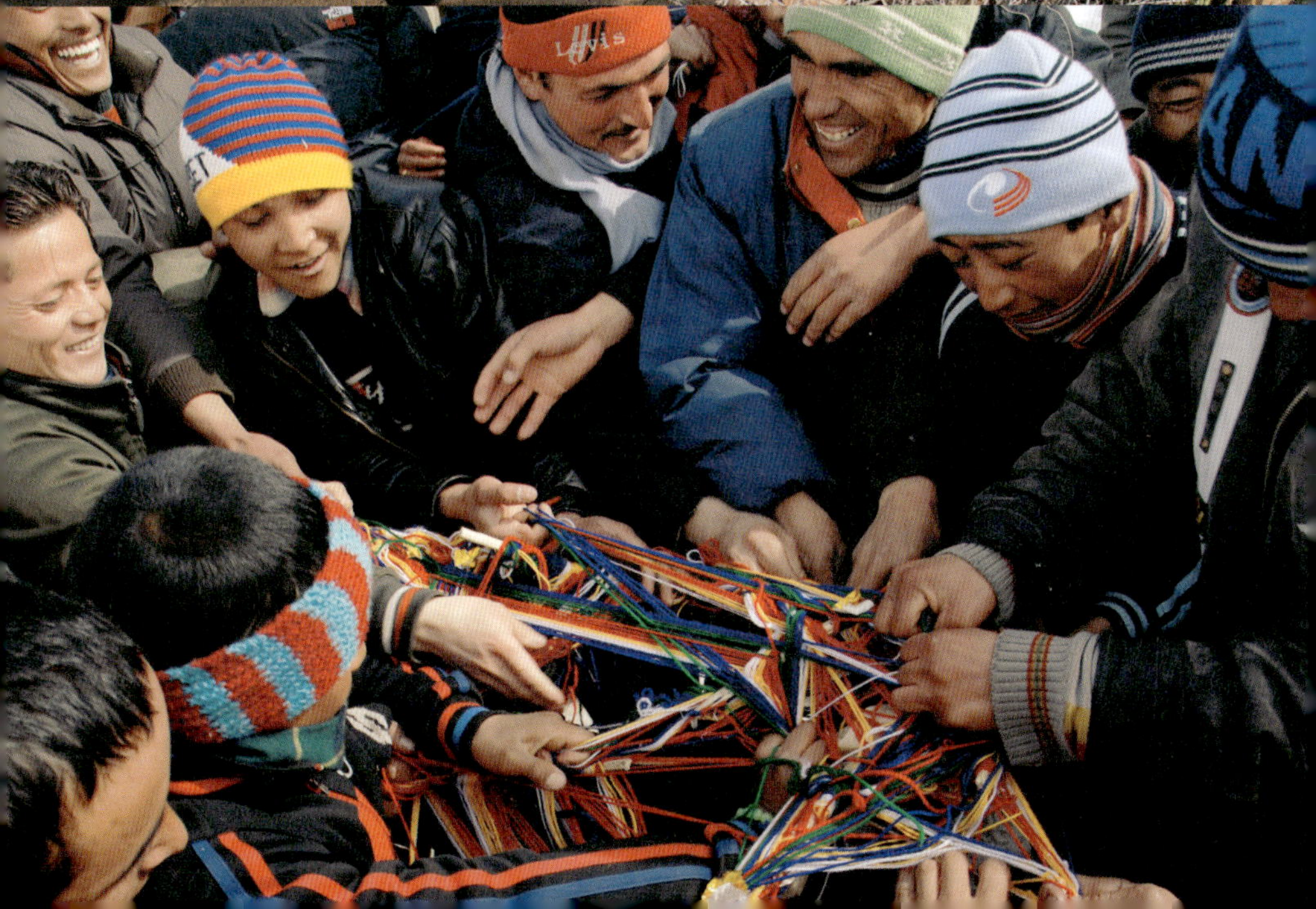

が行われるが、ラダック人の見物客たちのお目当てはもちろんラバだ。一日目の午後、彼らが登場する頃になると、こぢんまりとしたゴンパは境内から屋根の上まで、身動きできないくらいぎっしりと人で埋まる。この時のために三カ月間も祈祷と瞑想を続けてトランス状態となった二人のラバは、白と赤の美しい刺繍入りの服をまとって姿を現す。頭にはいくつもの目玉と髑髏があしらわれた帽子をかぶり、胸には丸い鏡、右手には剣、左手には旗を結びつけた槍。二人は「キキソソラギャロー！」と絶叫してゴンパの屋根の縁を走り抜け、「オォーッ！　アァーッ！」と呻きながら、仮面をつけた僧侶たちと踊り、跳ね回る。時折、屋根の手すりなどに剣で斬りつけては、身体をのけぞらせ、刃をべろべろとなめる。狂おしい熱を帯びたその目、その表情は、明らかに尋常な状態ではない。そんな彼らの姿を、両手を合わせ、畏怖のまなざしで見守る人々――。

だが、マト・ナグランの本当のクライマックスが訪れるのは、二日目の午後だ。この時現れるラバの姿は、一日目とはまったく違う。その全身の肌は真っ黒に塗られ、頭にはぼさぼさの長髪のかつらをかぶり、腹と背中には、三つの目を持つ兄弟神の顔が描かれている。カタ（儀礼用のスカーフ）が結びつけられた腰巻には短剣が差し込まれ、右手にはダマル（でんでん太鼓）、左手にはドルジェ（金剛杵）。顔は布で覆われているように見えるが、その割には屋根の上でも平気で歩き回っている。腹と背中に描かれた兄弟神の顔が、代わりに見ているということなのだろうか。異形という言葉がこれほど似つかわしい姿を、僕は今まで見たことがない。

どよめきと喝采が湧き起こる中、僕はずっとムズムズしていた。最近では、マト・ナグランのラバの写真を撮ることは禁じられているらしい。というより、「マトでラバの写真を撮ると、ラバが怒ってカメラを壊してしまう」という噂がまことしやかに流れているのだ。しかし、二十年近く前に日本で刊行されたラダックの写真集には、この黒塗りのラバの写真が収録されているのを僕は知っていた。撮りたい。これほど魅力的な被写体を前にして、何もしないでいるなんて……。

我慢できなくなった僕は、望遠レンズをつけたカメラで、黒塗りのラバの姿をこっそり二、三枚撮ってみた。すると、少し離れたところにいたラダック人のおばちゃんが、近くの僧侶に向かってこう言った。

「あそこにいる人が、写真を撮ったよ！」

うっ、チクられた。

人混みをかきわけて近づいてくる僧侶。

「そこのあなた！　撮りましたか？」

「は、はい、二、三枚ですけど……」

「渡しなさい！　カメラを！」

「えっ?!　それは困る！　写真のデータは消しますから……」

「いいから渡しなさい！」

僧侶は僕のカメラのストラップに手をかけ、ぐいと引っ張った。冗談じゃない、このままカメラを取り上げられて、地面に叩きつけられて壊されでもしたら……。僕はカメラを抱え込み、ストラップをつかんだ僧侶としばらく引っ張り合いになった。

するとその僧侶は、スッと僕の耳元に顔を近づけて、流暢な英語でこう言ったのだ。

「大丈夫。あなたのカメラは、あそこにあるお堂でお祓いしなければなりません。それだけです。お祓いが終わって、ラバが写っている写真を消したら、カメラはお返しします」

だったら最初からそう言ってよ……。僕はおとなしく、その僧侶にカメラを渡した。こうして僕のカメラは、ラダックの僧侶たちによってお祓いを受けた、世にも珍しい一台となったのだった。

異形のラバが神託を告げる祭りはその後も大いに盛り上がり、僕はすっかり満足して、スシ詰めのバスに揺られて帰路についた。空はいつのまにかかき曇り、吹きすさぶ風には雪が混じりはじめていた。春はまだ遠い。

タシの家に戻ってきて門扉に手をかけると、戸口から姿を現したスカルマが僕の顔を見て、

「タカ!……」と大きな声を上げた。

「ただいま。……え？　どうしたの？」

彼女は拍子抜けしたような顔で僕を見ながら言った。

「あんた……大丈夫？」

「大丈夫って？　うん、元気、元気」

「……マトはどうだった？」

「おもしろかったよ。やっぱ、あそこの祭りはすごいねえ。あー、さむさむ」

僕は居間に入って上着を脱ぐと、ストーブの近くに腰を下ろしてかじかんだ手をかざした。ス

カルマはまだけげんそうな顔をしたまま、小さな湯呑みにバター茶を注いで僕に渡してくれた。

「……チョグラムサルの親戚の家に行ってるタシから電話があってね」と彼女は言った。「マトで今日、ラバの写真を撮った日本人が、怒ったラバに殴られたって話を聞いたんだって」

僕は思わずバター茶を吹き出しそうになった。どうして、本人が戻ってくるよりも早くニュースが伝わってるんだ？　しかも、事実とかなり違っちゃってるし。

「殴られてないって！　写真を撮ったのを別のお坊さんに見つかっちゃって、カメラをお祓いしてもらったんだ。それだけ。大丈夫だから」

「そうなのかい？　ああ、よかった！　電話があってから、あー、タカだ、きっとタカが殴られて怪我しちゃったんだ、そう思うと心配で……」

ほっとした顔でバター茶のおかわりを注いでくれるスカルマの顔を見ながら、僕は申し訳ない気持になった。自分の軽はずみな行動で、余計な心配をかけてしまった。でも同時に、ちょっぴりうれしくもあった。やっぱり、今の自分の居場所はこのラダックなのだ、と。

二度目の夏

冬の間に予定していた取材を終えた僕は、いったん日本に帰国し、春になってから再びラダックにやってきた。雪は、山の上にはまだ白く残っていたものの、平地ではすっかり姿を消していた。ポプラや柳の枝先には新緑の葉が芽吹きはじめ、放牧地に放された牛やロバたちは、七、八カ月ぶりに味わう青草を夢中になって頬張っていた。

ひさびさにサクティを訪れたのは、種蒔きがほとんど終わりかけた頃だった。ツェリン・ナムギャルの家の畑に行くと、大勢の親戚やご近所さんが輪になって座り、サブジーとツァンパを練ったものを昼食に食べているところだった。

「おう、日本のにーちゃん！　何やってるんだ、こっちに来て座りな！　メシ食えよ、メシ！」

「にーちゃん、いつラダックに戻ってきたんだ？　来るのが遅かったじゃないか！」

「にーちゃんがいなかったから、今年は人手が足りなくて大変だったよ！」

みんなは口々に冗談を言いながら、僕の肩をポンポンと叩いた。ツェリンは黙ってニコニコしながら、サブジーをよそった椀を僕に渡してくれた。

「ツェリン、今年は人が多いじゃないですか」

「そうだな」と彼は言った。「ゾも四頭いるしな。はかどる」

今日、二頭ずつ鋤を結わえつけたゾを主に操っているのは、まだ二十歳そこそこの男の子たちだった。さすがに年季の入った農夫たちのように手際よくはいかず、時々言うことを聞かなくなるゾに手こずったりもしている。でも、まだ初々しい声で歌を歌いながらゾを駆る若者たちの姿を、ツェリンはうれしそうに目を細めて見やっていた。この美しい谷に生まれ、土とともに生きてきた農夫たちの誇りは、この若者たちに受け継がれていくのだ。たぶん、いや、きっと。

「コール！　コール！………コール！」

ノルブリンカ・ゲストハウスでは、一大事が巻き起こっていた。

デチェン・ラモが、昼間勤めている役場の上司から、突然、二年間の転勤を命じられてしまったのだ。転勤先はチベットとの国境にほど近いニョマという町で、外国人には入域許可証すら発給されない辺境の地だ。レーからはバスで六、七時間もかかってしまうため、通勤するのは無理。現地に滞在しなければならないのは夏の数カ月間だけだが、その間、彼女はノルブリンカ・ゲストハウスを離れなければならなくなる。

辞令を受けてから数日間、デチェンはこっちが声をかけるのも遠慮してしまうほど落ち込んでいた。無理もない。もうすぐ夏休みで帰省してくる夫や息子たちとの団らんもフイになり、十八年間大切に守り続けたゲストハウスを書き入れ時に留守にしなければならないのだ。役場の仕事を辞めることも考えたに違いない。でも今、彼女の職場には、辺境の町で一人で責任を負って職務を果たせる人材はデチェンくらいしかいない。結局、彼女はニョマに行くことを選んだ。デチェンらしいな、と僕は思った。道端の水路に落っこちて腐りかけていた野良犬の死骸を、誰の助け

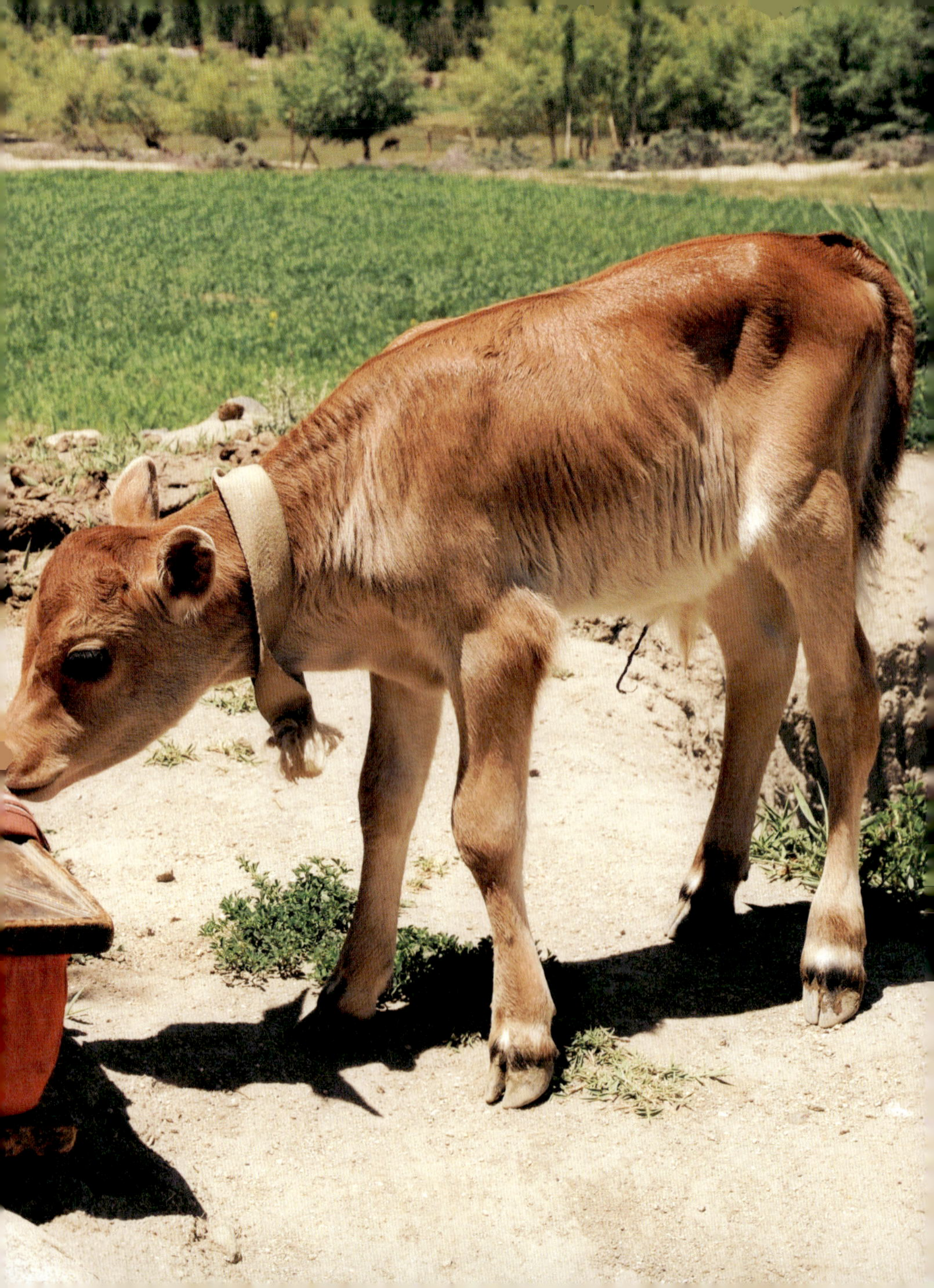

人だから。

も借りずにたった一人で引っ張りあげ、土に穴を掘って埋めたことがあるくらい、責任感の強い人だから。

彼女が留守の間、六月は長男のアチュクが、七月と八月は夫のツェタンがそれぞれ長めの休暇を取って戻ってきて、ノルブリンカ・ゲストハウスを切り盛りすることになった。転勤の話が決まってからというもの、宿には毎晩のように兄弟や親戚やご近所さんが訪ねてきて、励ましたり、心配したり、行くなと引き止めたりした。デチェンはそんな彼らにお茶をすすめながら、いつものように陽気な笑顔で「大丈夫、大丈夫だから」とくりかえしていた。

「タカ、あたしはもう大丈夫だよ」と、ある日の夜、台所で食事の支度をしながら彼女は僕にもそう言った。

「そりゃ、最初に転勤しろって言われた時は落ち込んだけどさ。でも、誰かがやらなきゃならないことだからね。長い人生、たまにはこんなこともあるさ……」

「夏の間は、ずっと向こうに行ったきりなの?」

「そんなことはないよ。ここが心配だからね。十日にいっぺんくらいはがんばって戻ってきて、掃除とかしなきゃね」

プシューッ！と蒸気を噴き出した圧力鍋のふたの弁を、彼女はポン、と手で叩いて元に戻した。

「それにしても、あんたのザンスカール人の友達はうまいことを言ったもんだね。『人生は長い。キャンの尻尾も長い』か……」

二度目の夏、再びラダックに戻ってきたのは、去年できなかったことを体験するためだった。その一つが、チュリ（アンズ）の収穫だ。

標高の高いラダックで栽培できる果物は、アンズ、リンゴ、それにセバクトンと呼ばれるベリーの一種などがある。インダス川の下流側、特にサスポルという村のあたりでは、こうした果物が豊富に穫れる。僕はNPO法人ジュレー・ラダックの紹介で、この村に住むタシ・アンモという女性の家にしばらく滞在させてもらうことになった。

彼女とその家族が暮らす家は、街道沿いから畑を二段ほど上がったところにある、古い民家の横に建てられた新しい平屋だ。家と畑の周りはぐるりと木立に囲まれ、その枝には、滞在中にあまりの重さに太い枝が一本ぽきりと折れてしまったくらい、アンズやリンゴがびっしり、たわわに実っている。

「なあんだ、あんた、ラダック語がわかるんだね！　誰に教わったの？」

最初に会った時、アンモはそう僕に訊いた。ひっつめて束ねた黒髪、昔ながらのラダック人らしい、素朴で優しい顔立ち。英語はあまり話せない。

「こっちで買った本で勉強しました。……あ、あと、去年シェイで会ったケイタ君という日本人の男の子からも習ったなあ。彼、ここにも来たんでしょう？」

「おー！　ケタレ！　そうそう、去年ここで手伝ってくれたんだよ。あの子は元気？　今は日本で何をしてるんだい？」

「お医者さんになるための勉強をしてるそうですよ」

「そうかいそうかい、そりゃすごいねえ。ケタレはねえ、いっぱい働いて、いっぱいラダック語をしゃべって、いーっぱいごはんを食べてたんだよ」

夏の間、彼女の夫は仕事でレーに行ったりすることが多く、二人の子供たちも普段はチョグラムサルにある寄宿学校で暮らしている。だから、僕が手伝う仕事はたくさんあった。

去年働いたサクティでは収穫の時に鎌を使っていたが、ここサスポルのあたりでは手で直接むしり取る。ある日は、生で食べられるほど甘い豆のさやをひたすらむしり続け、またある日は、さらさらに乾いた黄金色の大麦を両手でつかんで引っこ抜き続けた。七月のラダックの日射しの下、朝の七時から夜の七時まで畑で働くのは、さすがにきつい。でも、土や作物に直に手で触れながら、無心で身体を動かし続けるのはやっぱり楽しかった。

あたりがすっかり暗くなった頃、クタクタになって家に戻り、アンモや彼女を手伝いにきた親類の人たちと一緒に台所で夕食を食べる。会話はもちろんラダック語。少しだけボキャブラリが増えてきたとはいえ、ネイティブのスピードで話されると、僕には三割くらいしか理解できない。

「タカ！　ハゴアレ？（わかった？）」

「え？　え？」

「あー、ダメだ。わかってないよこの人は」みんなニヤッと笑って、それきり何も教えてくれない。

「ちょ、ちょっと何?!　教えてよ！」

「チャン　マソン、チャン　マソン（なんでもない、なんでもない）」

多少しゃべれるようになったらなったで、こんな風におちょくられる。ラダック語習得の道程は厳しい。

そうして七月も半ばを過ぎた頃、いよいよアンズの収穫が始まった。

「タカ、あそこに登って、枝を揺らせる？」

「どこ？　……あそこ⁈　無理だよ、高いし、枝は細いし……」

「なんだい、だらしないねえ」

「あたし、登れるよ！」そう叫んでスルスルと登っていくのは、夏休みで帰省中のアンモの娘、ツェリン・ドルマだ。黄色いアンズが鈴なりに実る枝がゆらゆらしなるのをものともせず、どんどん上に登っていく。彼女は木登りが得意中の得意なのだ。

「あの子ったら、まるでおサルさんだわ……」と、アンモがあきれたように言う。

枝を揺すって落としたり、風で自然に地面に落ちたりしたアンズは、拾い集めて手で種を取り出し、天日で乾燥させて干しアンズにする。種は殻を割って中の杏仁を食べたり、絞って香ばしいオイルを取ったりする。特に干しアンズは、ラダックの厳しい冬を乗り切るための貴重な保存食になる。

「昨日の晩に吹いた風で、あそこの木の下にいっぱいアンズが落ちてるね。風がいい仕事をしてくれた……。あんたより働き者だよ」アンモはそう言ってまた僕をからかう。

アンズの中でも特に上等な種類のものは、生で食べるために、木に登って一つひとつ手でもいで収穫する。電信柱ほどの丸太に等間隔に穴を空けて垂木を差し込んだ梯子を木に立てかけ、一人が下で支え、一人が上に登る。熟した実だけを取り、まだ早いものは枝に残しておく。小さく尖った枝があちこちに突き出した梢をかいくぐりながら、アンズの実に手を届かせるのはかなり難しい。

「……タカ！　ここ！　受け取って！」

そんな声に上を見やると、おサルさんが高い枝の上から、アンズがぎっしり詰まったショルダーバッグを下に落としてよこした。中身をバケツに入れ、空のバッグを投げ上げて返す。おサルさんはこっちがヒヤヒヤするほど細くて揺れる枝の上にしゃがみこんで、アンズをもいでバッグに入れたり、自分の口に入れたりしている。恐れ入るほどの身軽さだ。

熟しきったアンズの実は、まるで宝石のようにきれいだ。ほんのり橙色がかった丸い実は、へたの部分から赤いぼかしが入っている。皮は薄く柔らかく、その内側にはむっちりと果肉が詰まっている。

「ほら、いいから一つ食べてごらん！」

言われるまま、一つ、かぶりついてみる。思わず「えっ?!」と声が出る。信じられないほど甘い。口に入れたとたん、果肉が一瞬にして果汁になって溶けてしまう。今まで口にしてきたアンズとはまるで別物だ。こんなにうまい果物は、ほかにちょっと記憶にない。

「おいしいだろう？　いい値段で売れるんだよ、これは」と、誇らしげに笑うアンモ。

岩山と砂礫ばかりの乾き切ったこの土地に、こんなにも繊細でみずみずしい果物が存在するなんて……。暮らしはじめて一年以上経った今になっても、このラダックという土地には、驚かされることばかりだ。

「さあ、そこのバケツを家まで運んでちょうだい！　それからひと休みして、お茶にしようね」

天空の湖

……息が、苦しい。

平べったい岩が砕けたような砂利を踏みしめながら、一歩ずつ、斜面を登っていく。行手には、群青の空に山の稜線がゆるやかな弧を描いていて、その上にはびっくりするほど近くに白い雲がぽこぽこと浮かんでいる。傾斜はそれほどきつくないはずだ。なのに、足が動かない。吸っても吸っても、酸素が足りない。顔を上げる余裕もない。

足元には、地面にへばりつくようにして、直径一センチもない小さな黄色い花がたくさん咲いている。不思議だ。峠の頂上に近づけば近づくほど、花の数が増えているような気がする。標高は軽く五千メートルを越えているというのに……。

ラダックの南東部、レーから百二十キロほど離れたところに、ルプシュと呼ばれる高原地帯が広がっている。平均標高は四千メートル以上、気候はラダックよりさらに厳しく、集落や耕作地もごくわずかという場所だ。

ところがこの地域には、驚くほど多種多様な生命が息づいている。ツォ・カルとツォ・モリリという二つの湖の周辺にある湿地帯では希少な生態系が育まれ、夏になるとツルやカモなどさまざまな渡り鳥が飛来する。また山間部では、チベット系の遊牧民たちが、数えきれないほどたくさんの家畜たちとともに悠然と暮らしているというのだ。

ルムツェという村から、ツォ・カルを経て、ツォ・モリリ湖畔のコルゾクという村まで、七日間かけてルプシュを縦断する。ラダック人のトレッキングガイドたちが冗談めかして「ハイ・アルチチュード・トレッキング（高地トレッキング）」と呼んでいるルート。これが、最後の旅になる。


テントや食糧を運んでもらうため、僕は三頭の馬と一人のホースマンを雇った。プンツォク・タシ、ルムツェ出身の二十二歳。日焼けした精悍な顔に、ぷくっとふくらんだ小鼻をした若者だ。今回はたまたま、彼の父親が僕とほぼ同じ日程を組んだグループの馬番を請け負ったので、彼は父親と一緒に七頭の馬の世話をしながら旅をすることになった。まだ若いのに馬の扱いに長けている頼もしいやつなのだが、「料理なんてめんどくせえよなあ。な？」と、三度の食事の支度はいつも父親に任せきり。古ぼけた軍の放出品のテントで、僕は毎日、彼ら親子と一緒にチャイを飲んだり、テントゥクをすすったりすることになった。

彼らと馬たちのほかに、道連れはまだいた。一匹の犬が、ルムツェからついてきてしまったのだ。

「あれ？　ついてきちゃったね、この犬。もしかして君の……？」

「ああ」とプンツォク。

「ひょっとして、このままツォ・モリリまでついてくる気だったりしてね。ハハハ……」

「そうだよ」

「……えぇ?!」

灰色と白のごわごわした毛並をしたこの犬は、馬たちのそばをつかず離れずトコトコとついてきて、小高いところにさしかかると先に行って周囲を見回したり、写真を撮っていて遅れ気味の僕をチラチラふりかえったりしている。餌といえば、朝と晩に投げ与えられる一切れのチャパティと、僕たちが食べた羊肉にくっついていた骨のかけらくらい。めったに吠えたり騒いだりせず、いつも哲学者のように憂いを帯びた顔をしている。どことなく、狼に似ているような気もしないではない。

「あの犬、名前は?」

「名前? んなもんないよ」

僕はこの犬のことを、心の中でひそかに「ロボ」と呼ぶことにした。特に深い意味はない。

毎朝五時頃になると、七月末とは思えないほどの寒さと、馬の首につけた鈴が派手に鳴る音で目が覚めてしまう。チャパティとチャイの朝食を食べ、馬の支度をしているプンツォクたちより一足先に出発。カメラバッグを担ぎ、細いトレイルを一人で辿っていく。

周囲には、これでもかというほど雄大な景色が広がっている。ルプシュはザンスカールほど峻険ではなく、どちらかというとなだらかな形の山が多いが、もともとの標高が高いからか、どこか人を寄せつけない超然とした雰囲気がある。空と、大地と、自分だけ。何もかもが圧倒的なまでに大きく、美しく、一点の濁りもない。自分という存在のちっぽけさを、つくづく思い知らされる。

時折、そこらへんの穴ぼこからピャ（マーモット）が顔を出し、すくっと後ろ足だけで立ち上がって、じっとこっちを見つめる。行手のトレイルを、小さくて耳の短いザブラ（ラダックナキウサギ）がパッとすばしこく横切っていく。乾ききった岩の隙間で、苔が花を咲かせている。こんなにも苛酷な土地に、こんなにもたくさんの生命が生きている。

峠の頂上に到着すると、しばらく休んで、後続が追いつくのを待つ。そんな時、はるか彼方の岩山の上に、ブルーシープの群れが佇んでいたりする。見事な角をした雄たちが、まばらに生えている草をかじる雌や子供たちを守るように、用心深くこちらを見やっている。近づきたくても、近づけない。ここは、彼らの世界だ。僕のような人間に許された場所ではないのだ。

やがて、にぎやかに鈴を鳴らしながら、プンツォクと馬たちの一行が追いついてくる。ロボはピャやザブラを見つけると、捕まえてやろうと奮い立ってまっしぐらに駆けていくのだが、いつも寸前で防空壕の巣穴に逃げ込まれてしまっている。全戦全敗。彼の腹ぺこはしばらく続きそうだ。

出発して四日目の午後、僕たちはツォ・カルに到着した。標高四千五百メートル、幅は八キロほどもある塩湖だ。ツォ・カル（白の湖）という名は、岸辺で白い塩の塊が固まっているさまに由来しているのだ、とプンツォクが教えてくれた。

湖の岸を半周ほど回って、南西にあるリユルというキャンプサイトに行く。青々とした草地のある気持のいい場所で、目の前にはしっとりと潤った湿原が湖畔まで続いている。空は曇りがちで写真を撮るにはイマイチな天気だったが、昼食にメギを食べた後、僕はカメラを首にぶらさげ、湿原を迂回して湖の近くまで行ってみることにした。

岸辺はぼてぼてに水を含んだ灰色の泥に縁取られていて、至るところに塩が荒々しく噴き出している。塩気がすごい。肌がヒリヒリする。カメラが今にもサビてしまいそうだ。望遠レンズで狙うにはまだちょっと遠い水際に、数羽の渡り鳥が餌らしきものをついばんでいるのが見える。カモのような鳥と、カモメのような鳥。何とか写真を撮りたくて、少しずつ近づこうとしてみるが、鳥たちは用心深くて、こっちが近づいた分だけ、じりじり、じりじりと離れて距離を取る。しまいには、パッ、と羽ばたいて湖水の上を低く飛んでいってしまった。

鳥の写真を撮るのをあきらめてキャンプサイトに戻り、自分のテントの中でうとうとしていると、プンツォクがやってきて言った。

「タカ、起きてるか？　カメラを持って、ちょっと出てこいよ」

「どうした？」

そう訊きながら外に顔を出したとたん、彼がなぜ僕を呼んだのかがわかった。

空はいつのまにかすっきりと晴れ、夕暮れ間近の傾いた日射しが、目の前に広がる緑の湿原を照らしていた。湿原の向こうには、白い塩の岸辺と、淡く透きとおった湖水、風に削られてなめらかな形になった山々が見える。早回しのフィルムを見ているかのように、雲がみるみるうちに飛び去っていく。リン、リン、と馬たちの鈴の鳴る音が空に吸い込まれ、時折、はるか彼方から湖水を渡って、鳥たちの甲高い鳴き声が響いてくる。

「きれいだろう?」と、プンツォクがうれしそうに言う。「これを、見てもらいたかった。これを、写真に撮ってもらいたかったんだ」

本当に、たとえようもない美しさだった。ここなら何日でも、ほかに何もしないで、ただぼんやりとこの風景を眺めて過ごしていられそうな気がする。

テントのそばの青草の上では、ロボが気持よさそうに身体を伸ばして眠りこけていた。

ツォ・カルを離れ、南の山岳地帯に分け入ると、そこは遊牧民たちが暮らす世界だ。

馬の手綱を引きながら一緒に歩いていたプンツォクが、「……見ろよ」と、行手にそびえる山を指さした。はるか上、頂上近くの斜面に、何百もの白い斑点のようなものが散らばっている。

白い岩だろうか。でも、じっと見ていると、斑点が少しずつ動いているような気もする。

「まさか、あれ……」

「そう、羊と……ヤギだな。遊牧民たちの」

「あんなにたくさん?!」

標高が五千メートルを越えるこの一帯は、氷河から流れ出る雪解け水のおかげで、夏の間は意外なほど緑が豊かだ。今の時期、遊牧民たちはここに陣取って、家畜たちにたっぷりと草を食わせる。日本のへたな牧場よりはるかに多くの家畜を飼っている彼らは、実はラダックではとても裕福な人々なのだという。羊からはもちろん羊毛や肉が得られるし、この地方のヤギからはパシュミナという非常に質の高い毛が取れ、いい値段で売れる。遊牧民たちにとって、家畜はまさに生きた財産なのだ。

出発して六日目の朝、例によって一人で歩いていた僕は、遊牧民たちがいくつかのテントを張って暮らしている場所を通りがかった。そこは冷たい水が滔々と流れる二本の川が合流している地点のほとりで、何十頭もの黒いヤクの群れが岸辺に佇んでいた。

番犬らしき犬が、ワウワウワウ、と派手に吠える。赤銅色に日焼けした顔の少年が僕を見つけ、用心深げに近づいてきた。

「…………」

「…………？」

「……チャイ？」

「……い、いいの？　ありがとう」

僕は少年に連れられて、一番手前にあったテントに案内された。白地に紺の縁取りの入った天幕の内側は思ったより広く、チベット風のソファがきちんと並べられていて、整理整頓が行き届いている。中央奥には、ダライ・ラマの写真が飾られている。少年の母親らしい若い女が姿を現し、いそいそと魔法瓶からバター茶を小さな湯呑みに注いでくれた。

少年の父親は、テントの外でヤクの毛を刈っている最中だった。バター茶を飲み終わった後、写真を撮りながらしばらくその様子を見物させてもらう。男たちが二人がかりでヤクを押さえつけ、一人が大きなはさみでジョキジョキと大胆に刈る。なすすべもなくじっとしたまま、ふさふさした長い毛を刈り取られていくヤク。その気になれば人間の男二人なんて簡単に振り払えるだ

けの力を持っているはずなのに、とにかく臆病な動物なのだ。

「どうだ、にーちゃん。写真、いいのが撮れたか？」少年の父親がニヤッと笑う。

「ええ、バッチリ！」

彼ら遊牧民たちにとって、ヤクはとても大切な存在だ。重い荷物を運ばせることもできれば、その毛からは丈夫で暖かい布を織ることができる。もちろん肉も食べられるし、雌のヤクは乳を出す。糞でさえ、木もろくに生えないこの高地では、火を起こすのに欠かせない燃料になる。

標高五千メートルの山の中で、大切な家族や家畜たちとともに、何物にも縛られることなく生きていく。それはいったい、どんな気分がするものなのだろうか。もしかすると、彼ら以上に穏やかで、自由で、幸せな生き方など、この世には存在しないのかもしれない。


「困ったな……。大問題だ。今の俺にとって、これが一番の問題だよ」

夕方、軍用テントの中でチャイをすすっていると、プンツォクはそう言いながら片方の靴を脱いで僕に見せた。あちこちほころびた、中国製らしきキャンバス製のスニーカー。ラバーソールの側面が、七、八センチほどもぱっくり割れてしまっている。

「このあと、ツォ・モリリからルムツェまで、馬と一緒に歩いて戻らなきゃならないのに……」

「コルゾクで新しいのを買えば？」

「売ってないよ、たぶん。金もないし。しゃあねえ、自分で直すか」

彼は荷袋の中をごそごそ探って、小さな平たいブリキ缶を取り出した。中には、馬具の修繕に使う太い針や糸が入っている。彼は針に糸を通し、ソールの裂けた部分の横にブスッと針を突き刺した。グイ、グイと力を込めて固いラバーに何度も糸を通しながら、器用に裂け目をかがっていく。

「……これで、しばらくは保つだろ」

「すごいね。タクポ（上手）だな」

するとプンツォクは、フンと鼻を鳴らして自嘲気味に笑った。

「こんなことが上手だからって……何になる？　何の役にも立ちゃしない。俺はずっとこの土地で生きていくことしかできないんだ」

「何言ってんだよ。わからないのか？　それがどんなにすばらしいことか……」

太陽が西の山の端に隠れたとたん、大気がキンと冷え込んできた。風がテントを激しく揺らす。持っている服を全部着て、靴下も二枚重ねにしないと、今夜は眠れそうにない。

長い、長い坂道を、一人で登り続ける。一つの尾根を越えるとまた別の尾根があり、一つの角を右に曲がると、今度は左への曲がり角がある。空気が薄い。ささくれた岩に何度も足を取られそうになる。最後の峠、ヤルン・ニャウ・ラは、どこにあるのか。いつになったら辿り着けるのか。

登りはじめて二時間以上経った頃、ようやく峠の頂上にあるラプツェ（石塚）が見えてきた。絡みついたタルチョが、冷たい風にはためいている。少し離れたところに突き出た峰々には、白い雪が残っている。僕は地面に転がっている岩に腰を下ろし、バッグに残っていた最後のチョコ

レートをかじった。この後はもう、下るだけだ。コルゾクに着いたら、とりあえず何か食って、どこかにゆっくり寝られる場所を探して、埃まみれの髪と身体を洗って……。

そして、この旅が終わる。

チョコレートを食べ終えると、僕はカメラバッグを担いで再び歩きはじめた。が、峠を下りかけたところで目にした光景に、思わずその場で立ちすくんでしまった。もしかすると、「うわぁーっ！」と、わけのわからない声で叫んでいたかもしれない。

眼下に、ツォ・モリリの全景が広がっていた。

褐色の大地が真っ二つに裂け、そこに空が砕けてそのまま溶け込んでしまったかのような、ターコイズ・ブルーの湖水が横たわっている。何という青さだろう。周囲の山々の上にたなびく雲も、その色にたじろいでいるように見える。標高四千五百メートル、全長が三十キロ近くある巨大な湖のすべてを、僕は今、標高五千四百メートルの峠の上から見下ろしている。不思議な感覚だった。この空の果てとでも呼べるような場所に、こんな光景が存在するなんて……。

ツォ・モリリという名は、女（モ）が湖のほとりでヤクに乗っている時、湖に入っていこうとするヤクを「どう、どう（リ、リ）」と声をかけて諫めているさまに由来しているという。そこには何か古い物語があるのかもしれないが、こんなに美しい光景を見たら、ヤクだって人間だって、思わず駆け寄りたくなるに違いない。

「……メッカン　チョスピンレ（やりつくした）」

誰に言うともなく、僕はそう呟いていた。来てしまった。こんなところにまで、来てしまった。

プンツォクは僕の荷物を運んだ後にいったん後戻りして、別のグループの計画に合わせた父親や馬たちとともに、一日遅れでツォ・モリリ湖畔の村、コルゾクに到着した。もちろん、ロボも一緒だ。軍用テントのそばで、あいかわらず哲学者のような顔をしてぼんやり佇んでいる。こいつも、ここまで来てしまった。

「よくやったなあ。すごい犬だよ、お前は」

そう声をかけながらしゃがんで頭をなでてやると、ロボはしばらく神妙な顔をしてじっとしていたが、やがて、たいしたことじゃないよ、とでも言いたげに、プイと横を向いた。

また、この空に

別れは、さらりと乾いていた。

夏の終わり、予定していた取材をすべて終え、ラダックを離れる日が近づいてきた頃、僕はこれまで世話になった人たちを訪ねて、別れの挨拶をして回ることにした。これだけ仲良くなれたのだから、きっとみんな万感の思いを込めて別れを惜しんだり、心のこもった言葉を贈ってくれたりするに違いない——と、僕はちょっとだけ期待していた。

ところが、実際に別れを告げてみると、誰も彼も「あ、そう」と、ごくあっさりとしたリアクションしかしてくれない。まるで、僕は遠く離れた日本に行くのではなく、ちょっとその辺に二、三日おつかいに行ってくるだけだとでも思っているみたいに。

あの頭脳明晰なタシ・ギャルツェンでさえ、こうだ。

「……で？　いつラダックに戻ってくるんだ？　今度の冬か？」

「冬?!　いや、そんなすぐには……」

「そうか。じゃ、来年の夏か？」

みんながみんなこんな調子なので、センチメンタルな気分になりかけていた僕は、すっかり拍子抜けしてしまった。

たぶん、みんなにはわかっていたのだ。こいつは必ずラダックに戻ってくる。だから、またすぐに会える、と。

　デチェン・ラモが僕に言った言葉が、一番的を射ていたのかもしれない。

「タカ、次にラダックに戻ってくる時は、本とか、仕事とか、そんなことは一切抜きにして来るんだよ。あと、できれば、今度は仲のいい友達と一緒にね」

　出発を翌日に控えた日の午後、僕はひさしぶりに、レー王宮の背後にそびえる岩山、ナムギャル・ツェモに登ってみることにした。何か考えごとをしたい時、僕はこの岩山に登って、周囲三百六十度に広がるレーの街並をぼんやり眺めながら、あれこれ思いをめぐらせるのが好きだった。

　急坂のジグザグ道を十五分ほど登ると、小さなお堂と古い砦の跡が残る頂上に着く。そこから僕は崖を伝って、砦の建物の脇、無数のタルチョが結わえつけられている場所に行った。まだ新しい鮮やかなタルチョもあれば、元の色がわからないくらい色あせてボロボロになったタルチョもある。それらは前後左右、縦横無尽、あらゆる方向につなぎ止められていて、ひときわ長い旗の列が、少し離れたところにある岩山の頂上にまで連なっている。

　蒼空を、風が吹き抜ける。ザアッ、と周囲のタルチョがいっせいにはためく。

　約一年半、僕はこのラダックで暮らしながら、旅を重ねてきた。自分をそこまで惹きつけたものは何だったのだろうか、と思う。雄大で美しい自然も、チベット仏教の伝統も、大地とともに生きる人々の穏やかな暮らしも、どれも確かにすばらしい。でも、一番僕の心を惹きつけたのは、

ラダックの人と人とを結びつけている絆の強さだったのではないか――いつからか、僕はそう考えるようになっていた。

今、ラダック語を話せる人は、ラダック全域でも二十三万人ほどしかいない。この苛酷な土地で、彼らのような少数民族が生き抜いていくには、常に互いを気遣い、いたわり、助け合っていくことが不可欠になる。家族との絆、友達との絆、親戚との絆、ご近所さんとの絆――。外部から押し寄せる変化の波にさらされてはいても、このシンプルで小さな社会で暮らす彼らの結束は、驚くほど強い。そしてそういう固い絆で支え合っているからこそ、ラダックの人々は、誰に対しても穏やかに、心優しくふるまうことができる心の余裕があるのだと思う。困っている人がいたら、脇目もふらずに手をさしのべる。見返りなど、求めようともしない。僕はそんな場面を、何度もこの目で見てきた。

でも、そういう絆の強さは、ラダックの人々だけのものではない。日本でも、世界のどんな場所でも、彼らのように絆を大切にしながら生きていくことはできるはずだ。僕たちは、あまりにも複雑でわずらわしいことの多い社会に生きているから、当たり前のことが見えにくくなっている。今よりもう少しだけ、家族や友達に優しくすれば……今よりもう少しだけ、周りの人のことを気にかけるようにすれば……一人ひとりがそんなごく当たり前のことに気づけば、それだけでも、何かが変わっていくのではないだろうか。

時には、大切にしていた絆が、どうにもならない強い風に引きちぎられてしまうこともある。でもそんな時は、きっとほかの絆が支えてくれる。つなぎ止めてくれる。そして人はまた立ち上がって、前を向くことができる。
そう、できるはずなのだ、僕たちにも。
それでも疲れてしまったら、また、この空に会いにくればいい。

変わるもの、変わらないもの

それから、何度かの夏と冬が過ぎた。

ラダックで暮らした一年半の日々について一冊の本を書き上げた後、僕はまた、ちょくちょくラダックに戻るようになった。ラダックの旅行用ガイドブックを作るための取材や、雑誌の記事のための取材、ラダックツアーのガイドの仕事など、理由はその時々でいろいろだった。以前デチェン・ラモに言われた、「次にラダックに戻ってくる時は、本とか、仕事とか、そんなことは一切抜きにして来るんだよ」というアドバイスには、まったくと言っていいほど従えないでいた。

デチェンは辺境の村ニョマでの勤務を終え、再びレーに戻った。夫のツェタン・タシも長年勤めた役所を定年退職し、単身赴任先のデリーから戻ってきた。デチェンとツェタンは、ひさしぶりに夫婦揃ってノルブリンカ・ゲストハウスで暮らせるようになった。二人仲よく……と言いたいところだが、台所で見るテレビのチャンネル争いとか、デチェンがツェタンの皿によそったスキウの量が多すぎるとか、どうでもいい理由で毎日ケンカばかり。そんな他愛のないことで飽きずにケンカできるのも、仲のいい証拠なのかもしれないが。

三人の息子たち、アチュク、ジミ、ツェリンは、大学を卒業してラダックに戻り、役所や会社に勤めるようになった。アチュクはツェタンたちの実家であるティクセの古い家を譲り受け、ジミとツェリンはノルブリンカ・ゲストハウスに戻って暮らしはじめた。ほどなく、アチュクは学校の先生と、ジミはお医者さんと、それぞれ結婚した。どちらの相手も、昔からずっと互いに好き合っていた女性だという。まもなく二組の夫婦には、それぞれ小さな男の子が生まれた。

さらに新しく加わったのは、レオという名の白い犬だ。庭の隅につながれている彼は、見知らぬ人が来るとキャンキャン吠えまくるのだが、その割に性格は人なつっこく、たぶん番犬には向いていない。一番なついているのはツェリンに対してだが、僕にも三日ほどですっかり慣れてしまって、近づくとあおむけに寝っ転がって、おなかをなでろと要求するようになった。

ノルブリンカ・ゲストハウスは今、かつてないほどにぎやかだ。それは僕にとっても、本当にうれしい変化だった。

過ぎ去った日々の中で起こったのは、楽しい出来事ばかりではなかった。

二〇一〇年八月五日の深夜、ラダックを猛烈な集中豪雨が襲った。各地で大規模な土石流が発生し、死者・行方不明者の数は合わせて六百人以上に上った。ラダックの長い歴史の中でも、おそらく最悪の自然災害だった。

集中豪雨が起こった夜、僕はトレッキングでカルナクと呼ばれる地方に行く途中で、カン・ヤツェという高山のベースキャンプでテントを張って幕営していた。真夜中に襲ってきた、すさまじい嵐。風は唸りを上げて荒れ狂い、激しい雨と雹はひっきりなしにフライシートを叩き続け、頭上で轟音とともに稲妻が閃くたび、空は昼間のように明るくなった。僕はテントの中で身体を

こわばらせ、ここで死ぬのかもしれない、と覚悟した。標高五千メートルに達する山中にいながら、テント一つであの嵐をやり過ごせたのは、本当にたまたま運がよかっただけだった。

命からがらカルナクからレーに戻った後、土石流で特に大きな被害を受けたチョグラムサルの被災地を訪れた時のことは、きっと一生忘れられない。壁を吹き飛ばされ、天井近くまで泥に埋もれた家々。踏まれた空き缶のようにへしゃげてひっくりかえった車。足元に堆積してすっかり乾いてしまった膨大な量の泥の下には、何十、何百もの人々の身体が埋もれているかもしれなかった。あの時ほど、自分の無力さを思い知らされたことはない。

あの夜の嵐の記憶は、ラダックの人々の心に、深い傷痕を残している。

ラダックそのものにも、大きな変化の波が押し寄せてきていた。

中国やパキスタンと未確定の国境で接しているという特殊な事情もあって、ラダックに駐留するインド軍は、以前の倍の規模にまで膨れ上がった。それに伴うさまざまな需要——道路や施設の工事、物品の供給などによって、ラダックはにわかに景気がよくなった。ラダック東部のパンゴン・ツォという湖で撮影されたインド映画が大ヒットしたのをきっかけに、年に十万人以上ものインド人観光客がラダックを訪れるようになったのも、景気の拡大に拍車をかけた。

経済的に余裕のできた人々は、先を争うように自家用車を買い求めた。わずか数年のうちに、ラダックを走る車の数は激増した。夏の間、マナリやスリナガルからの幹線道路では、外部から車の燃料を運び込むタンクローリーが長い列を作るようになった。乗客の減ったローカルバスは大幅に減便され、余ったバスはカルギル方面に売り飛ばされた。レーとその周辺では、交通渋滞と慢性的な駐車場不足、排気ガスと騒音による環境の悪化が問題になりはじめた。

山間部への道路の延伸も、各地で急速に進められている。たとえば、以前からザンスカール川沿いで続けられている道路工事。将来この道路が開通すれば、カルギルを経由することなくレーとパドゥムが道路で直接結ばれることになる。そうなると、冬の間にトレッキング目的以外でわざわざチャダルを歩いて旅する地元の人はいなくなるだろう。

レーの街も、急激な再開発の波に晒されている。明らかに供給過多であるはずのホテルやゲストハウスの新築ラッシュはいまだに止まらず、はるか郊外にまで広がり続けている。メインバザールの目抜き通りでは大がかりなリニューアル工事が行われ、太い幹の街路樹はすべて切り倒されてしまった。旧市街の周辺に残っていた歴史的な価値を持つ古い建物も、一つ、また一つと、取り壊されはじめている。

にわか景気で一部の人々が豊かになった反面、地方の農村で暮らす人々との経済的な格差は広がり続けている。農村の人手不足が慢性化する一方で、学校である程度の教養を身につけた若者たちの中には、希望する職種になかなか就けないからとラダックを離れてしまう人も少なくない。

こうした変化が、何もかもすべて悪いというわけではない。開発が進むことによって、ラダックの人々にもたらされるメリットもある。でも、今のラダックは、変化の波に引きずられすぎて、なくす必要のないものまでなくしてしまっている気がする。一度なくしてしまうと、取り返しのつかないものまで。

「ほんと、急すぎるねえ。いろんなことが、急に変わりすぎるよ」

デチェンはそう言って、ため息をついた。

そう、何もかもが変わっていく。この世界には、変わらないものなど、何一つないのかもしれない。ある夏の日の朝、ノルブリンカ・ゲストハウスの台所でタギをかじってチャイをすりながら、僕はそんなことをぼんやり考えていた。

すると突然、デチェンが、

「……ひゃーっ！　あぁ、またやっちゃった！」と叫んだ。

今朝配達された牛乳を大きな鍋に入れて加熱していたのを、おしゃべりにかまけているうちに、すっかり忘れていたらしい。あわてて火を止めたものの、沸騰した牛乳は鍋から泡を立てて吹きこぼれ、鍋やガスコンロの周りはべしゃべしゃになってしまった。

「あーっ、あたしゃバカだ。ブンブー(ロバ)だよ！　タカ、あたしのことをブンブーと呼んどくれ。あたしゃほんとにブンブーだよ……」

ぶつくさ言いながらガスコンロの周りを雑布で拭うデチェンを見て、僕は、笑いが止まらなくなってしまった。それは八年近く前、僕がこの宿に来はじめた頃から、彼女が何度も何度も朝の台所でくりかえしてきたのと、まったく同じ失敗だったのだ。

なんだ、変わらないものは、すぐそこにあるじゃないか。

確かにこの世界には、絶対に変わらないものなど、何一つないのかもしれない。どんなにかけがえのない人も、いつかその時が来れば、目の前から立ち去っていく。それでも僕たちにできることがあるとすれば、大切な人やものや出来事に出会った時のことを、胸の奥につなぎ止め、忘れないでいること。想い続けること。変わらないものは、その想いの中にある。何かを守り抜くには、誰かに手をさしのべるには、きっと、そうした変わらない想いが必要なのだと思う。

たぶん僕は、これからもラダックに行く。あの空と、耳元を吹き抜ける風と、大切な人たちに会うために。その想いを、悲しみさえも、忘れないでいるために。

ジュレー。僕はまた、戻ってきたよ。

●結婚と葬儀

この地域では、数十年前まで複数の夫（兄弟の場合が多い）が一人の妻を娶る一妻多夫制が存在していたが、インドの法律で禁じられたため、現在は一夫一妻制になっている。ラダックの結婚式は、嫁ぐ者が家から家へと移動すること自体が儀式の一環となっていて、親族や近隣の住民など、大勢の人々を招いた盛大な宴が催される。

葬儀に関しては、鳥に遺体を食べさせる鳥葬が行われるチベットとは異なり、ラダックでは火葬が一般的だ。僧侶たちの読経による葬儀が行われた後、遺体はプルカンという棺型の火葬場で荼毘に付される。遺体の灰は少量がツァツァと呼ばれる素焼きの器に入れられてチョルテン（仏塔）の中などに収められ、残りは山や川に撒かれる。

ちなみに、ラダック人には名字という概念がなく、「ツェリン・トゥンドゥプ」のように２つの呼称を組み合わせて名前とすることが多い。仏教徒の場合、新しく生まれた子供の名前はその家族が属する宗派の高僧によって授けられる。

●宗教

ラダックの人々の大半は古くからチベット仏教を信仰しているが、バルティの人々が暮らすラダック西部では、イスラーム教徒が多数を占める。レーの街にも、イスラーム教のシーア派やスンニ派のモスクが複数ある。ラダックには少数ながらキリスト教徒もいて、レーには教会もある。

チベット仏教とは、紀元前５世紀頃にガウタマ・シッダールタ（釈迦牟尼、仏陀）を開祖としてインドで発祥した仏教が、7、8 世紀頃にチベットに伝わったもの。チベット仏教の経典はサンスクリット語の原典を忠実に翻訳したもので、インドではその後廃れた後期密教の教義も継承しており、仏教本来の姿をもっともよく残していると言われる。最高クラスの思想哲学や実践修行の奥義には、日本や中国に伝わる仏教には存在しないものも多い。

ダライ・ラマは、チベット仏教の宗派を超越した最高指導者。観音菩薩の化身とされる。ダライ・ラマ 14 世は 1959 年、中国に占領されたチベットからインドに亡命。説法などの際にラダックもしばしば訪れる。

●服装

ラダックの人々の伝統的な民族衣裳は、ゴンチェと呼ばれるウール製の丈の長いコート。夏用は薄手の布地で、冬用はナンブーという分厚い布地で作られる。少し反りかえったつばのついたシルクハットのような形の帽子はティビ、女性が盛装時に羽織る刺繍入りのマントはボク、先の尖ったフェルト製の伝統的な靴はパブーと呼ばれる。最近は一般的な洋服や、女性はインドのパンジャビードレスを着用することも多い。

結婚式や高僧をお出迎えする時など、ここぞという時にラダックの女性が盛装して身につけるのが、耳のような張り出しのある長さ１メートルほどの黒いフェルトに無数のトルコ石をちりばめたヘッドギア、ペラク。ラダックでは母から娘へと受け継がれる家宝。

●食事

ラダックではかつて、チベットに由来する伝統的な食事が主流だったが、インドからの影響で、外部から持ち込まれた米に、野菜カレーやダール豆、チャパティといったインド風の食事もよく食べられるようになった。

今もラダックの人々の間で食べられている伝統的な食事としては、大麦を炒って粉に挽いたツァンパ、チベット風うどんのトゥクパ、チベット風蒸し餃子のモクモク（モモ）、小麦粉を練って作ったパン類の総称であるタギ、ティモと呼ばれる蒸しパン、小麦粉の団子を野菜や肉と煮込んだスキウなどがある。

飲み物では、茶にバターと塩を加えて攪拌したチベット風のバター茶、グルグル・チャのほか、インドから伝わったチャイ（ミルクティー）もよく飲まれている。酒類では、大麦で作った炭酸の弱いビールのようなどぶろくのチャンや、同じく大麦から作る蒸留酒のアラクなどがある。

ラダックについての基礎知識

●地理と気候

ラダックは、インド北部のジャンムー・カシミール州東部に位置する、平均標高が3500メートルに達する山岳地帯だ。かつては独立した王国だったが、19世紀に滅亡し、後にインド領となった。面積は日本の5～6分の1程度。全域で約27万人の人々が暮らしている。

周囲を標高5000～6000メートル級の山々に囲まれているため、外界から陸路でラダックに入ることができるのは、夏の間のみ。峠が積雪で通行不能になる冬の数カ月間は、飛行機が外界との唯一の交通手段となる。

ラダックの年間降水量はわずか80ミリ程度で、空気は極端に乾燥している。緑があるのは川や水源に近い場所だけで、ほとんどの土地はむきだしの岩山や砂塵の舞う荒野だ。

パキスタンや中国との未確定の国境に接しているラダックは、1974年まで外国人の入境が許されていなかった。閉ざされた環境で自給自足の暮らしが営まれていたこの土地には、中国の占領下にあるチベットよりもチベットらしい伝統と文化が残っているとも言われている。

●民族と言語

ラダックで暮らしている人々の中でもっとも多いのは、ラダック人（ラダクスパ）と呼ばれるチベット系の民族。彼らの大半はチベット仏教を信仰していて、服装や食事、風習など、チベットと共通する文化を数多く持っている。彼らの言語はチベット語の方言、ラダック語。チベット語と文字は同じだが、発音はかなり異なっていて、よりチベット文字の字面に近いと言われる。ザンスカール人（ザンスカルパ）もラダック人に非常に近い人々で、ほぼ同じ言語を話す。

カルギルを中心とするプリクの一帯とヌブラの西部には、バルティ（プリクパ）と呼ばれるアーリア系の民族が数多く暮らしている。シーア派のイスラーム教徒が大半で、ラダック語とは少し異なるバルティ語と呼ばれる言語を話す。

ラダック北西部のダー・ハヌー地方には、頭に花を飾る風習で知られるドクパ（ブロクパ）と呼ばれるアーリア系の民族が住んでいる。ラダック語ともバルティ語とも異なるドクパ語（ドクスカット）を話す。仏教徒が多いが、古来から伝わる土着の信仰や風習も未だに残っている。

ラダック東部のチャンタン高原には、チベット人の遊牧民たちが暮らしている。レー近郊のチョグラムサルなど、チベット本土から逃れてきた亡命チベット人とその二世、三世が数多く住む地域もある。

●人々の仕事

各地の村々では、多くの人々が先祖から受け継いできた土地で農業を営んでいる。主な作物は、大麦や小麦、豆、根菜類、家畜用の牧草など。標高がやや低い地域では、葉物野菜やトマト、リンゴ、アンズなども育てられている。

村では牛やゾ（ヤクと牛の混血種）、馬、ロバ、羊、ヤギなどの家畜が大切に飼われていて、さまざまな面で村人たちの生活を支える要の役割を果たしている。しかし、最近は人手不足などの影響で、村々で飼われる家畜の数は減少し、農作業の大半に機械を用いる人も増えている。

一方、ラダック東部の山岳地帯を中心に暮らす遊牧民たちは、ヤクや羊、ヤギなど、一家族で数百頭単位という膨大な数の家畜を所有している。首元から高品質な毛が取れるパシュミナヤギは、遊牧民にとって貴重な家畜だ。

近代化が進むにつれ、ラダックでもレーの街を中心にオフィスワーカーが増加している。旅行会社やホテルなどの観光業に従事する人も多い。また、地理的に重要な軍事拠点でもあるラダックには、多数のインド軍部隊が常に駐留しているため、軍に関連する仕事を手がける人も多い。

その他の伝統的な職業としては、ラーという守護神を憑依させてさまざまな特殊能力を発揮するシャーマン（男性はラバ、女性はラモと呼ばれる）、天文学と暦の計算からさまざまな診断をする占星術師のオンポ、脈診と生薬を用いるチベット伝統医学の医師アムチなどがある。

●人物に関する言葉

私……………………… ンガ
私たち………………… ンガシャ／ンガタン
あなた………………… ニェラン
あなたたち…………… ニェジャ
彼／彼女……………… コン
彼ら／彼女ら………… コングン
僧侶に対する尊称…… ゲロン
祖父…………………… メメ（レ）
祖母…………………… アビ（レ）
父……………………… アバ（レ）
母……………………… アマ（レ）
兄……………………… アチョ（レ）
姉……………………… アチェ（レ）
弟……………………… ノノ（レ）
妹……………………… ノモ（レ）
おじ…………………… アグレ／アジャン（レ）
おば…………………… アネレ／マチュン（レ）
男……………………… プッツァ
女……………………… ポモ
子供…………………… トゥグ
僧侶…………………… ラマ
尼僧…………………… チョモ
ラダック人男性（女性）ラダクスパ（マ）
外国人男性（女性）… チゲルパ（マ）
日本人男性（女性）… ジャパンパ（マ）

※ラダックでは血縁関係にない人に呼びかける際にも、該当する年代の人の家族の呼称をよく用いる。呼称の末尾に「～レ」をつけると丁寧になる。

●指示語・疑問詞

この～………………… イ～
あの～………………… ア～
その～………………… テ～
どの～………………… カ～
これ…………………… イボ
あれ…………………… アボ
それ…………………… テボ
どれ…………………… カボ
ここ…………………… イカ
あそこ………………… アカ
そこ…………………… テカ
どこ…………………… カカ
どこから……………… カネ
どこへ………………… カル
何……………………… チー
誰……………………… スー
いつ…………………… ナム
いくつ………………… ツァム
なぜ…………………… チア

●時を表す言葉

今日…………………… ディリン
昨日…………………… ダン
明日…………………… トレ
朝……………………… ンガトク
昼……………………… ニマ
夕方…………………… ピトク
朝食…………………… チナン
昼食…………………… ザラ
夕食…………………… ゴンザン

●体調不良の時に使う言葉

頭痛…………………… ゴア　ズモ
腹痛…………………… トットパア　ズモ
風邪…………………… チャムパ
下痢…………………… シャルニャン
薬……………………… マンヌ
病院…………………… ホスピタル

●数字

1 ……………………… チク
2 ……………………… ニス
3 ……………………… スム
4 ……………………… ジ
5 ……………………… シガー
6 ……………………… トゥク
7 ……………………… ドゥン
8 ……………………… ギャトゥ
9 ……………………… グ
10 ……………………… チュー

ラダック語の会話

参考：『ラダック語会話帳』NPO法人ジュレー・ラダック

●挨拶、受け答え

こんにちは／さようなら／ありがとう……………………ジュレー
どうもありがとう……………………………………………オ　ジュレー
元気ですか？…………………………………………………カムザン　イナレ？
元気です………………………………………………………カムザン　インレ
はい……………………………………………………………オーレ（目上の人の場合　カサレ）
いいえ…………………………………………………………マンレ
わかりますか？………………………………………………ハゴアレ？
わかります……………………………………………………ハゴレ
わかりません…………………………………………………ハマゴレ
ごめんなさい…………………………………………………ゴンスパ　サルレ
どうぞお元気で………………………………………………デモ　チョステ　ジュクスレ
また会いましょう……………………………………………ヤン　ジャリンレ

●自己紹介

あなたの名前は何ですか？…………………………………ニェランギ　ミン　ガ　チ　インレ？
私の名前は○○○です………………………………………ンゲ　ミン　ガ　○○○　インレ
どこから来たのですか？……………………………………ニェラン　カネ　インレ？
日本から来ました……………………………………………ジャパン　ネ　インレ

●写真を撮らせてもらう時

写真を撮ってもいいですか？………………………………ナクシャ　ギャプ　ナン　ディガレ？
ちょっと待ってください……………………………………ツァピック　シンレ
こっちを見てください………………………………………イカ　ストサンレ
とてもきれいです……………………………………………マー　デモ　ドゥクレ

●移動する時

このバスは○○○まで行きますか？………………………イ　バース　○○○　ア　チャーダレ？
あなたはどこへ行くのですか？……………………………ニェラン　カル　スキョダットレ？
私は○○○に行きたいです…………………………………ンガ　○○○　ア　チャー　ニンラクレ
トイレはどこですか？………………………………………デチョット　カカ　ヨットレ？

●お呼ばれされた時

食事……………………………………………………………カルジ（丁寧な言葉　ドンタン）
お茶……………………………………………………………チャ（丁寧な言葉　ソルジャ）
○○○をどうぞ………………………………………………○○○　ドンレ
○○○をください……………………………………………○○○　サルレ
おいしいです…………………………………………………ジンポ　ラクレ
結構です………………………………………………………ディグレ
おなかいっぱいです…………………………………………ダンスレ

本書は、2009年3月にブルース・インターアクションズ（現スペースシャワーネットワーク）より刊行された単行本『ラダックの風息 空の果てで暮らした日々』の本文の表記などに一部修正を加え、新章を加筆し、写真を大幅に追加して再編集したものです。

山本 高樹　Takaki Yamamoto

1969年岡山県生まれ。著述家・編集者・写真家。2007年から2008年にかけて、インド北部のラダックに長期滞在して取材を敢行。以来、かの地での取材をライフワークとしている。主な著作に本書のほか、『ラダック ザンスカール トラベルガイド インドの中の小さなチベット』（ダイヤモンド・ビッグ社）など。ブログ「Days in Ladakh」はラダックに関する貴重な情報源として、現在も数多くのアクセスを集めている。http://ymtk.jp/ladakh/

ラダックの風息 空の果てで暮らした日々［新装版］

著者　山本 高樹

2016年3月24日　初版第1刷発行

発行者	柳谷 行宏
発行所	雷鳥社
〒167-0043	
東京都杉並区上荻2-4-12	
TEL	03-5303-9766
FAX	03-5303-9567
HP	http://www.raichosha.co.jp
E-mail	info@raichosha.co.jp
郵便振替	00110-9-97086

デザイン	井口 文秀（インテレクションジャパン）
印刷・製本	シナノ印刷株式会社
編集	益田 光
Special Thanks：	ダライ・ラマ法王日本代表部事務所
	荒木 重光
	宮坂 清
	NPO法人ジュレー・ラダック
	LEDeG（Ladakh Ecological Development Group）

ISBN 978-4-8441-3695-8 C0026 ©Takaki Yamamoto / Raichosha 2016 Printed in Japan.